W0182766

LE VERBE
CONTRE LA BARBARIE

ALAIN BENTOLILA

LE VERBE CONTRE LA BARBARIE

Apprendre à nos enfants à vivre ensemble

Odile Jacob

© Odile Jacob, janvier 2007
15, rue Soufflot, 75005 Paris

ISBN : 978-2-7381-1762-5

www.odilejacob.fr

Le Code de la propriété intellectuelle n'autorisant, aux termes de l'article L. 122-5, 2° et 3° a, d'une part, que les « copies ou reproductions strictement réservées à l'usage privé du copiste et non destinées à une utilisation collective » et, d'autre part, que les analyses et les courtes citations dans un but d'exemple et d'illustration, « toute représentation ou reproduction intégrale ou partielle faite sans le consentement de l'auteur ou de ses ayants droit ou ayants cause est illicite » (art. L. 122-4). Cette représentation ou reproduction, par quelque procédé que ce soit, constituerait donc une contrefaçon sanctionnée par les articles L. 335-2 et suivants du Code de la propriété intellectuelle.

Avant-propos

Lorsqu'il conquiert le langage, un enfant reproduit en quelques années le parcours que les premiers « hommes parleurs » ont mis infiniment de temps à tracer. C'est dans leurs pas qu'il met les siens, ce sont les mêmes impasses dont il s'échappe, c'est la même ambition qui le porte. Chaque enfant, balbutiant ses premiers mots, célèbre le projet de l'homme d'imposer par le verbe sa pensée au monde. Créateur bien plus qu'imitateur, découvreur plutôt que suiveur, il construit sa langue et ne reproduit pas servilement celle des autres. Bien sûr, il s'appuie sur le modèle d'une langue constituée, mais ce modèle, il ne le décalque pas, il le comprend dans ses finalités et ses mécanismes. Il n'obéit pas à une programmation génétique, il répond par son intelligence créatrice à l'appel ancestral du verbe. Dans cette quête, il devra être accompagné de médiateurs à la fois bienveillants et exigeants qui éclaireront son chemin, lui désigneront les voies sans issue, l'inciteront à repousser avec courage les limites confortables de la connivence et de la proximité. Car la langue n'est pas faite pour parler à un autre moi-même, celui qui pense comme moi, qui a vécu où j'ai vécu, qui croit en le même dieu que moi. La langue n'est pas faite pour parler à ceux que j'aime ; *elle est faite, j'ose le dire, pour parler à ceux que l'on n'aime pas*, pour leur dire des choses qu'ils n'aimeront sans doute pas, mais qui nous permettront peut-être de nous reconnaître « hommes de parole ».

Mais lorsque la parole et l'écriture ont perdu leur pouvoir de transformer pacifiquement le monde et les autres, d'autres moyens s'imposent pour imprimer sa marque : on altère, on meurtrit, on casse parce que l'on ne peut se résigner à ne laisser ici-bas aucune trace de son éphémère existence. La violence est ainsi l'inéluctable conséquence de l'incapacité de mettre en mots sa pensée en y mettant de l'ordre ; seuls les mots organisés apaisent en effet une pensée sans cela chaotique, tumultueuse, qui se heurte aux parois d'un crâne jusqu'à l'insupportable et qui finit par exploser dans un acte incontrôlé de violence. Le flux contrôlé des mots, la succession tranquille des phrases diffèrent le passage à l'acte ; ils donnent une chance à deux intelligences d'en rester aux mots plutôt que d'en venir aux mains. C'est sans doute à long terme le moyen le plus efficace et le plus honorable de rompre l'infernale succession des poussées de violence que toutes les mesures ponctuelles ont tant de mal à endiguer.

Chapitre premier

Comment l'enfant en vient aux mots

Comprendre avant même de parler

À 3 mois et demi, ma fille aînée décida qu'elle ne voulait plus manger. Cela avait commencé un matin par ce que je crus n'être qu'un caprice : elle repoussait de la main son biberon, refusant de laisser pénétrer sa tétine dans sa bouche. J'insistai, rien n'y fit. Elle avait commencé sa bataille. Jour après jour, elle refusa de s'alimenter, n'acceptant en forme de trêve éphémère que quelques cuillerées d'eau sucrée. Et moi, je me laissais entraîner dans cette bataille à laquelle je ne comprenais pas grand-chose, tentant vainement de fléchir sa volonté toute neuve, de la plier à la mienne aveugle et têtue. L'angoisse et la colère mêlées avaient scellé ma bouche et tari mes mots ; l'idée même de parler à ce bébé de quelques mois qui me défiait de ses grands yeux bleus, jour après jour, me semblait incongrue. Son refus muet me paraissait définitif, sans appel, hors de portée de mes mots. Cela dura une, puis deux semaines ; la situation devenait dangereuse. Ma fille maigrissait mais ne fléchissait pas ; pas véritablement abattue, mais simplement décidée à ne rien avaler ou presque.

Un soir, je me trouvais dans mon bureau, l'esprit taraudé par l'idée qu'il faudrait bientôt songer à l'hospitalisation. Soudain, émergeant de l'obscurité silencieuse, j'entendis une voix : quelqu'un parlait dans la chambre de ma fille, de l'autre côté du couloir. Le débit était lent ; chaque mot soigneusement détaché ; le ton était un mélange subtil de douceur et de conviction. Chaque fois que la voix de sa mère faisait une pause, je percevais le gazouillis de sa fille. Je prêtai l'oreille ; un sentiment étrange entre anxiété et espoir faisait se serrer ma gorge :

« Tu sais, ta maman ne t'a pas abandonnée ; non, elle n'a pas voulu te laisser toute seule. Pas du tout. Mais maman devait aller travailler, tu sais ; parce que beaucoup de mamans travaillent. Toi aussi, plus tard, quand tu seras grande, il faudra que tu ailles travailler. Mais ta maman t'aime ; elle t'aime plus que tout au monde. Elle ne veut pas que tu sois malheureuse. Alors je vais te faire une promesse, une grande promesse... » Là, elle fit une pause, comme s'il lui en coûtait de poursuivre. « ... Je vais m'arrêter de travailler. À la fin du mois, je vais m'arrêter pour rester tout le temps avec toi. Je vais le faire parce que je sais que c'est ce que tu veux ; je sais que tu veux que je reste avec toi. Mais, alors, toi aussi tu dois me faire une promesse : tu vas recommencer à manger ; je veux que tu manges parce que je t'aime, parce que tout le monde t'aime, parce que tout le monde veut que tu vives avec nous. »

J'étais bouleversé par la profonde sincérité de ces paroles ; mais, en même temps, j'étais sidéré par cette foi invraisemblable et totalement irrationnelle dans le pouvoir du verbe. Quoi ! Cette petite fille de quelques mois, à peine capable d'un informe gazouillis, se voyait adresser un discours qui n'avait lésiné ni sur le lexique ni sur la grammaire. Qu'avait-elle bien pu en comprendre ? Ma réponse cynique et froide de jeune linguiste fut : « Sans doute pas grand-chose. »

Le lendemain matin, ce bruit si particulier de succion, dont j'avais perdu l'habitude et l'espoir, me fit me tourner vers le fauteuil en osier qui se trouvait juste sous la fenêtre. Dans la fragile lueur du jour qui se levait, je vis ma fille sur les genoux de sa mère, qui buvait goulûment son biberon. Sa mère s'en alla travailler et elle continua de manger ; un jour, puis deux, puis trois... À la fin du mois, comme elle l'avait promis, sa mère renonça à son travail.

Nous n'avons, pendant de longues années, jamais évoqué cet épisode de notre vie familiale. D'abord, il faut avouer que je n'étais pas très fier d'avoir accepté avec autant de tranquillité satisfaite le sacrifice d'une mère forcée de choisir entre sa vie professionnelle et la vie de son enfant. Passif et complice, j'avais été le spectateur d'un drame dont le dénouement heureux ne m'avait rien coûté, mais que quelqu'un d'autre avait payé fort cher. Et puis la façon dont les choses s'étaient déroulées posait un vrai problème au linguiste. Je suis resté longtemps persuadé que ce qui avait « marché », c'était, sans nul doute, le ton de la voix maternelle, ce débit si particulier, cette force de conviction qui portait le discours. Je me refusais obstinément à envisager que ma fille eût pu comprendre quoi que ce soit au discours qui lui avait été adressé. Ce n'est que bien des années plus tard que je trouvai le courage d'aborder ce sujet : « Tu te souviens de ce que tu avais dit une nuit à Vanessa quand elle refusait de manger ? »

Elle me regarda avec cet air à la fois étonné et irrité qui signifiait : « Tu as attendu si longtemps pour me poser cette question ? » Elle détestait par-dessus tout ce genre d'entrée en matière artificielle. Parler pour ne pas dire grand-chose lui était insupportable.

« Bien sûr que je m'en souviens ; comment aurais-je pu l'oublier ? D'ailleurs, moi je n'oublie rien de ce qui fait ma vie. Je me rappelle chacun des mots que j'ai dit ce soir-là.

— Mais, dis-moi, quand tu lui parlais, tu pensais vraiment qu'elle comprenait ce que tu lui disais ?

— Évidemment ! Autrement, pourquoi est-ce que je lui aurais parlé ? Je sais qu'elle comprenait ; je le voyais ; je n'ai aucun doute là-dessus. Si on prend vraiment soin d'expliquer les choses à un bébé ; si on le veut vraiment, alors il comprend ; et, lorsqu'il a compris, il est tranquillisé. Le monde lui paraît plus vivable qu'avant : c'est ce qui s'était passé avec Vanessa. C'est tout simple ! »

Tout simple ! C'était vite dit. Certes, il y avait eu échange, mais pouvait-on parler de compréhension ? Comprendre suppose la reconnaissance des sons qui distinguent les mots entre eux, la connaissance des conventions grammaticales qui organisent les phrases et enfin la saisie des relations de cause sur lesquelles reposait ce discours qui avait tenté d'expliquer à Vanessa pourquoi sa vie valait d'être vécue. Y aurait-il alors un niveau de compréhension précoce qui s'accommoderait d'un décodage très approximatif des unités linguistiques ? Sous-estimons-nous les capacités de construction du sens du tout jeune enfant ? Je pense qu'à ces deux questions il convient de répondre, certes avec prudence, par l'affirmative. De ce discours que sa mère avait construit sans céder à la tentation du *baby-talk*, Vanessa avait sans nul doute compris ce qu'il lui était urgent de comprendre. Les conventions linguistiques utilisées n'avaient évidemment pas toutes été décodées ; mais elles avaient suffi, malgré leur réduction, à guider le bébé vers une petite lueur qu'il cherchait désespérément.

J'ai la conviction que nous avons beaucoup trop tendance à minimiser l'appétit et le pouvoir de compréhension du jeune enfant. Nous sommes trop souvent tentés de juger son langage « sur pièce » et d'en faire coïncider les débuts avec ses premières productions orales. Je suis persuadé que nous avons tort. Nous devons accepter le fait que l'apprentissage du langage est en marche bien avant que ne soient émis les premiers mots. Bien avant d'oser faire le saut dans le monde bruyant de la parole, le petit enfant s'interroge sur les enjeux du verbe, parie sur le sens de certains mots, subodore la valeur de certaines combinaisons. C'est le temps des hypothèses silencieuses que les premières audaces verbales viendront exposer à la médiation bienveillante et exigeante d'un adulte qui en confirmera ou en infirmera la validité. Il est d'ailleurs remarquable que les enfants autistes qui accèdent avec retard à la parole produisent d'emblée des énoncés relativement bien organisés. Tout se passe comme si, pendant leurs longues années de silence, ils avaient patiemment élaboré un nombre d'hypothèses suffisamment fortes sur le fonctionnement du langage pour que leurs premiers essais soient convenablement construits.

De façon plus générale, il me paraît évident que l'on accorde trop peu d'intérêt à l'intelligence silencieuse des enfants. Alors qu'ils comprennent infiniment plus de choses qu'ils n'en disent, on prend souvent leur silence pour de l'incompétence ; on les soupçonne de n'avoir rien à dire ou de ne rien savoir dire alors que l'on devrait se demander pourquoi certains jugent que le monde ne vaut pas la peine d'être mis en mots, pourquoi le verbe leur paraît être une menace plutôt qu'une promesse. À ces silencieux, il ne suffit pas de donner des mots par listes entières, il ne suffit pas de faire ingurgiter des structures par batteries entières ; ce n'est pas de cette nourriture-là qu'ils ont besoin. Il faut qu'on les aide à découvrir ce que parler veut dire ; il faut qu'on leur montre combien l'autre est digne de leur parole comme eux-mêmes sont dignes de la sienne.

Avoir du goût pour l'autre

Dès ses premiers jours, le petit enfant manifeste de façons diverses le goût qu'il a de l'autre et l'intérêt qu'il lui porte. À sa mère bien sûr, mais aussi, peu à peu, aux êtres humains qui l'entourent, il destine regards, gestes, mimiques qui, peu à peu, se ritualisent et deviennent les signaux indiquant à l'autre son intention d'établir avec lui une relation particulière.

D'abord, le regard. Regard qui fixe l'autre comme pour lui dire « C'est toi que j'ai élu » et puis regard qui se porte sur un objet du monde pour esquisser une invitation, pour marquer un intérêt. La régularité de ces « coups d'œil » tisse dans l'espace le réseau des premières reconnaissances et des premiers appels. Très vite, ce balayage du regard est ponctué de gestes qui indiquent ce qu'il ressent, mais aussi qui désignent l'être choisi ou qui montrent un objet distingué. Gestes et mimiques manifestent surtout au début les changements de l'état intérieur du bébé ; ils sont ensuite la réponse à des sollicitations extérieures et deviennent enfin les signes d'une véritable intention de communication. Il dira ainsi sa satisfaction et son excitation en frappant dans ses mains, d'abord maladroitement, puis en observant un rythme qui invite l'autre à mesurer le degré de son contentement. Il exprimera son plaisir en respirant plus ou moins profondément. Il appellera sa mère à l'aide en la fixant d'un regard plus ou moins appuyé. Ritualisant ses comportements, il tendra les bras pour « dire » qu'il veut être porté, il tapera sur une bouteille pour qu'on l'ouvre, il lâchera un objet pour qu'on le lui ramasse, hochera la tête pour marquer son refus et fera de sa main un geste pour dire au revoir. Très tôt, l'enfant, répondant à l'intérêt qu'on lui porte, manifeste le goût qu'il a des autres et ses intentions de leur envoyer des informations.

Lorsque sa mère jouera à lui présenter un objet, puis à le dissimuler, à se montrer elle-même, puis à se cacher, elle va l'inviter ainsi à sélectionner certains éléments de la réalité. Il faut bien comprendre qu'un bébé ne porte pas les yeux sur un monde prédécoupé. Guidé par sa mère, il découvre ce qui mérite d'être choisi. En lui cachant des objets et des êtres qui réapparaissent à sa demande, la mère va indiquer à son enfant non pas seulement ce qui est digne d'être regardé, touché ou possédé, mais ce qui doit être distingué parce que appelé à être mis en mots. C'est ainsi que le geste et le regard qui pointent sur un objet du monde deviennent une invitation du bébé à prêter une attention commune à un petit morceau du monde digne d'intérêt. Accompagné par sa mère, il effectue une sorte de détourage, comme le fait un retoucheur de photos qui dégage un objet de son contexte. De la même façon, le petit enfant détache un élément de la globalité du monde perçu et en fait le thème de la relation qu'il établit avec sa mère.

Bien avant que ne soient prononcés les premiers mots, l'enfant ajuste ainsi son regard à celui de sa mère qui, elle, voit le monde à travers les « lunettes » de la langue. Il tente de découvrir pas à pas le « monde à dire » avant de savoir le dire. Cette quête tâtonnante, ponctuée d'essais et d'approximations, c'est l'avancée d'une jeune intelligence qui a besoin qu'on la mène à la découverte d'un monde auquel les mots vont progressivement donner structure et cohérence. Le goût que le bébé manifeste pour l'autre n'est pas de l'ordre de l'instinct, c'est le goût qu'il montre pour celui qui accompagne et guide ses efforts de conquête, pour celui qui reconnaît, encourage et oriente les premières hypothèses qu'il pose sur les enjeux et les mécanismes d'un verbe dont il sait confusément déjà qu'il devra s'emparer.

Découvrir le bruit des mots

Ma fille répétait avec une satisfaction gourmande le mot « fable » qu'elle venait de découvrir.

« Je crois, me dit-elle, que ça s'appelle “fable” parce que c'est comme du “sable” ; ça coule quand on le dit comme le sable coule entre mes doigts.

— Mais pourquoi donc as-tu pensé à “sable” ?

— Eh bien ! tu entends bien ; c'est presque pareil, dit-elle en répétant soigneusement “fable” et “sable”...

Alors, s'ils se ressemblent tellement, il faut bien qu'ils disent un peu la même chose.

— Mais, dis-moi, pourquoi n'as-tu pas pensé à "table" ? Celui-là aussi, il leur ressemble.

— Pas du tout !, rétorqua-t-elle d'un ton définitif, "table" c'est plus dur, ça fait toc-toc, ça ne peut pas couler. »

Pourquoi ai-je eu l'impression ce jour-là que ma fille se moquait gentiment de moi ? Pourquoi ce sentiment qu'elle me menait en bateau ? (Oui, oui, en bateau, pas en gâteau, ni en château, ni en radeau...) Je ne sais pas ; mais je crus distinguer cette petite lueur entre connivence et provocation qui vacillait au fond de ses yeux lorsqu'elle cachait quelque chose ou qu'elle me racontait des histoires.

Elle jouait avec la deuxième articulation [1] du langage comme un chat joue avec une souris. Elle avait bien compris que « fable » et « sable » n'étaient séparés que par l'espace d'un seul son, mais elle pensait – ou faisait semblant de croire – que cette proximité phonique renvoyait à une proximité de sens. Bien évidemment, il n'en est rien ! Le principe de l'arbitraire du signe veille ; il sépare soigneusement la forme et le sens : « train » est formellement très éloigné de « locomotive » même s'il lui est fort attaché dans la réalité ; « bateau » est

1. La deuxième articulation est celle qui permet à partir d'un nombre fini de sons de fabriquer un nombre quasi infini de mots.

phoniquement très proche de « gâteau » alors qu'ils renvoient chacun à des objets bien différents.

Toutes les langues du monde sont soumises à cette seule et même règle : elles ont été mises dans l'obligation de fabriquer une très grande quantité de bruits différents, chacun renvoyant à un sens particulier. Mais les dizaines de milliers de mots que chacune propose à ses utilisateurs ne doivent pas – sauf accident exceptionnel[2] – être confondus en quelque circonstance que ce soit. Pour remplir cette condition, toutes les langues du monde ont choisi le même type de système de production : le plus économique et le plus efficace. Au lieu de répondre au coup par coup à chaque intention de nomination en créant chaque fois un cri spécifique, les langues ont décidé de se doter chacune d'un ensemble fini de sons dont les combinaisons chaque fois différentes peuvent répondre à tous les besoins de nomination, si considérables soient-ils. Observez, par exemple, ce que le français est capable de fabriquer avec les trois sons /l/, /p/ et /a/ :

/alp/<« Alpes » ; /pla<« plat » ; /lap/<« lappe » ; /pal/ « pâle » ; /apla/<« aplat » ; /palp/<« palpe ».

Considérez la marge énorme de productivité qui nous est laissée : /pala/, /alap/ ou /alpa/ constitueraient des combinaisons parfaitement présentables, sans parler des /papal/ et autres /lalap/ et /palala/ prêts à arriver à la

2. L'homophonie (« sceau »/« seau »/« saut ») et l'homographie (« été »/« été ») sont des accidents dans l'évolution de notre langue.

rescousse en cas de besoin. Il suffit qu'un seul son soit différent pour que deux combinaisons par ailleurs semblables soient parfaitement distinguées. Ainsi, ma fille avait parfaitement saisi que /s/, d'une part, et /f/, d'autre part, supportaient à eux seuls la distinction entre « sable » et « fable » de même qu'ils assurent l'opposition entre sac et fac, cil et fil, etc. De ce fait, avec un nombre très limité de sons, chacun doté d'un pouvoir distinctif, une langue est capable de produire un nombre quasi illimité de supports phoniques propres à supporter et à convoyer toutes les significations nécessaires.

Toutes les langues ont choisi le même type de mécanisme pour fabriquer leurs mots, mais chacune a sélectionné des sons particuliers qu'elle a organisés en système spécifique d'unités distinctives. Ainsi, le système des voyelles du français compte quatorze sons qui permettent de distinguer des mots par ailleurs phoniquement semblables :

fi	fut	fou	font
fée	feu	faux	faim
fait	feuille	folle	faon
fa	fât		

Le grec moderne, le russe, le japonais, l'espagnol et quelques autres langues possèdent un système réduit à cinq sons distinctifs :

i ou
e o
a

L'arabe dialectal, les langues amérindiennes, le persan, etc. se contentent d'un triangle élémentaire à trois unités vocaliques :

i ou
a

Il ne faut pas penser pour autant que nos voisins espagnols ou nos amis marocains, qui ne disposent respectivement que de cinq et trois voyelles, sont handicapés dans leur production de mots. Pas du tout ! Ils disposent d'un vocabulaire tout aussi riche que nous qui sommes forts de nos quatorze voyelles.

Oublions aussi l'idée selon laquelle certaines ethnies, peuples ou communautés humaines auraient plus de « facilité » ou de « difficulté » à prononcer certains sons plutôt que d'autres. Ainsi, si certains de nos compatriotes ont du mal à prononcer le /r/ roulé de l'espagnol ou la célèbre « jota » dans « Guadalajara » ou « Aranjuez », ce n'est évidemment pas à cause d'un appareil phonatoire différent de celui de nos voisins d'outre-Pyrénées. Inversement, ces derniers parviendront très difficilement à prononcer le /y/ de « rue » et produiront un son qui ressemble plutôt au /u/ de « roue ». Des langues d'Afrique du Sud comme le hottentot ou le zoulou utilisent, elles, la succion de l'air pour produire divers claquements que l'on nomme des « clics » ; ce ne sont ni plus ni moins que des consonnes en tout point comparables dans leur fonction à nos /p/, /t/ ou /k/ que nous prononçons, nous, par expulsion de l'air. L'aymara du Pérou, le bantou du Nord, les langues d'Afrique centrale et bien d'autres encore se servent de ce qui pour nous n'est qu'une simple toux provoquée par une irritation de la gorge pour en faire des consonnes parfaitement efficaces. Sommes-nous pour autant faits différemment de ces peuples ? Évidemment non ! Le petit zoulou de Durban n'a pas à sa naissance plus de prédispositions à prononcer et à distinguer les clics que le petit Gaby de Bergerac ou le petit John de Kansas City. Tous, physiquement et mentalement égaux, développeront dans leurs parcours respectifs d'apprentissage des habiletés articulatoires et réceptives spécifiques. Si le nombre des unités phoniques et leurs modes d'utilisation diffèrent de façon importante d'une langue à une autre, rien ne permet de dire de façon sérieuse à quoi ces différences pourraient être dues. Il faut les considérer comme parfaitement aléatoires. L'important est que, quelles que soient leurs réalisations articulatoires, ces unités phoniques assurent à chaque langue le pouvoir de distinguer les mots entre eux.

C'est ce pouvoir de distinction que l'enfant met en œuvre lorsqu'il apprend à parler et qu'il découvrira explicitement lorsqu'il apprendra à lire. À l'écoute du langage de sa mère et des autres adultes, il comprend peu à peu que ce qui lui est d'abord apparu comme un continuum sonore est en fait constitué de mots et de sons. Son analyse s'affine en même temps que ses habiletés articulatoires s'affirment. En d'autres termes, il reconnaît dans le langage de sa mère des mots semblables et des sons semblables que leur similitude fait émerger ; par tâtonnements successifs, il aiguise parallèlement son articulation et affirme ainsi ses capacités de distinction.

Un enfant de 8 à 10 mois lorsqu'il désigne, évoque, demande « le bol jaune à pois vert » que sa mère nomme régulièrement en le lui présentant, utilise le plus souvent « bo », parfois « bou », plus rarement « po ». La variation du « bruit » pour désigner le même objet ne présente aucun risque de confusion puisque « bout » et « pot » ne font pas partie du vocabulaire de ce petit enfant : /p/ et /b/ n'ont pas de fonction de distinction, /o/ et /ou/ n'en ont pas non plus. C'est à mesure que l'ambition de nommer augmente que se développe aussi la nécessité de distinguer et que s'affine la capacité d'articuler avec précision. L'enfant ne prononce pas les sons simplement en imitant ceux que sa mère prononce. Il écoute les mots émis par sa mère, discrimine leurs composantes phoniques et procède à des essais articulatoires parce qu'il y est poussé par l'urgence de produire de nouveaux mots distincts les uns des autres. Plus la quantité de ces mots augmente et plus s'impose la nécessité de les différencier précisément les uns des autres pour se faire comprendre. Le moteur de l'analyse des sons du langage et de leur production, c'est donc la conscience implicite mais bien réelle de leur pouvoir de distinction. Le petit enfant se donne énormément de mal pour découvrir que, pour prononcer un /d/, il faut poser la pointe de sa langue derrière ses premières dents, bloquant ainsi le flux de l'air, penser en même temps à faire vibrer ses cordes vocales sous peine de prononcer un /t/ en n'oubliant surtout pas d'éviter de remonter le voile de son palais pour ne pas produire un /n/. S'il prend donc autant de peine pour fabriquer une « occlusive apico-dentale sonore orale », ce n'est pas parce qu'il veut réussir un numéro d'imitateur, c'est parce que la précision de son articulation lui apparaît peu à peu comme le meilleur allié de son ambition de nommer distinctement les éléments du monde pour que l'autre les reconnaisse. En ce qui concerne l'articulation des sons, comme pour les autres éléments du langage, l'accueil bienveillant des essais maladroits du petit enfant ne doit jamais effacer l'exigence de la précision. C'est lui rendre un service précieux que de lui montrer que « Paul » n'est pas « bol », que « poule » n'est pas « boule », que « balle » n'est pas « bulle »... ; c'est lui signifier très tôt que l'on se soucie de le comprendre, que l'on croit en sa capacité de se faire comprendre.

L'extrême variété des systèmes phoniques des langues du monde, le caractère exotique, voire incongru de certaines articulations ne doivent jamais nous faire oublier l'universalité des principes auxquels le verbe obéit. Où que ce fût, quelle que fût la couleur de leur peau, les hommes appelés à nommer le monde ont répondu non pas d'une seule « voix », mais selon une seule et même logique de fonctionnement. En faisant le choix de la double articulation (des mots pour construire des phrases, des sons pour fabriquer des mots), les hommes ont assuré au verbe une capacité de nommer illimitée. C'est ainsi qu'aucune langue au monde ne répondra jamais à une demande nouvelle de ses usagers : « Je n'ai plus actuellement de support disponible. » Nous sommes ainsi assurés de transmettre aux enfants de nos enfants la seule machine dont l'usage n'épuisera jamais les sources d'énergie.

Découvrir le sens des mots

Entre 10 et 15 mois, le petit homme commence à utiliser des combinaisons de sons qui désignent des éléments du monde. Ces combinaisons phoniques gagnent peu à peu en constance et en précision. Sa mère contribue au développement de ce processus de nomination en jouant à lui montrer un objet puis en le cachant, l'obligeant ainsi à utiliser un signal particulier pour qu'il réapparaisse. Cette activité contribue non seulement à provoquer l'appellation précise d'un objet, mais surtout elle distancie le bruit émis de l'objet réel que la mère a fait disparaître. Le petit enfant prononce ainsi un mot en l'absence de l'objet concret qui lui correspond. Il effectue pour la première fois une séparation entre nomination et perception. Cette expérience est essentielle puisque, tout au long de la découverte des mots, il devra progressivement affranchir ses mots du monde vu, touché, perçu pour qu'ils en viennent à évoquer des représentations intellectuelles.

Prenons un exemple : la petite Tiphaine a 9 mois et demi. Elle possède un ours en peluche qui a environ trente centimètres de haut ; il est de couleur marron clair ; sa peluche est extrêmement douce, il lui manque un œil et il dégage une odeur sure de lait régurgité. La petite Tiphaine utilise le mot « nousse » pour désigner son petit compagnon et le réclamer quand on le cache. C'est cet ours, avec toutes ses caractéristiques, et non un autre qui est nommé « nousse ». Sa sœur aînée a un ours un peu plus grand, au poil plus rêche, qui a une odeur différente ; en aucun cas Tiphaine n'utilisera « nousse » pour le désigner. Elle associe de façon totalement exclusive un bruit à un objet dont les caractéristiques perçues par ses yeux, son odorat, son toucher font l'unicité.

Guidée par sa mère, elle va progressivement devoir renoncer à cette relation exclusive pour étendre très progressivement l'inventaire des éléments du monde que « nousse » évoquera. « Nousse » ne sera plus une étiquette sonore collée sur un objet unique ; cette combinaison de sons va peu à peu renvoyer à un ensemble de plus en plus étendu de représentations. Ainsi, l'enfant acceptera de nommer « nousse » l'ours en peluche de sa sœur, puis l'image d'un ours en peluche sur un catalogue, puis la vision d'un ours brun à la télévision, s'égarant même à gratifier son chat au pelage si doux de la même appellation émise en le caressant.

C'est ainsi qu'un petit enfant, accompagné par sa mère, qui multiplie les sollicitations, distancie ses mots des objets de la réalité, jusqu'à les *perdre peu à peu de vue*. Construire le sens des mots ne consiste pas à affecter un bruit attaché à un petit morceau du monde, c'est au contraire faire prendre aux mots suffisamment de recul pour que s'estompe le contour des objets concrets et que s'ouvre l'univers des idéalités sémantiques. Lorsque nous choisissons un mot pour le destiner à quelqu'un d'autre, le bruit spécifique que nous envoyons n'est en aucune manière une invitation à tourner son regard vers un élément du réel, nous ne lui transmettons pas non plus une image que nous avons en tête. Nous lui faisons parvenir une information dont le pouvoir est d'exclure toutes les autres voies possibles de compréhension. Le sens porté par un mot n'a que bien peu de chose à voir avec le réel ; c'est une orientation qui va guider l'autre dans la construction de sa propre représentation mentale qui sera nécessairement différente de la nôtre. Lorsque nous parlons, nous échangeons des idéalités, des abstractions qui veillent à ce que nos représentations respectives ne soient point aléatoires mais réciproquement contrôlées. Ce chien dont vous construisez l'image à la suggestion de votre interlocuteur qui a prononcé le mot à votre intention sera petit ou grand, marron ou blanc, gentil ou méchant... ; mais seront exclues toutes les représentations que les mots [eskargo] ou [abej] eussent autorisées.

C'est bien à ce jeu subtil où l'information abstraite libère la représentation autant qu'elle la contrôle que le petit enfant est initié dès son plus jeune âge. C'est un jeu délicat, qui impose de privilégier l'abstrait au détriment du concret, l'arbitraire au désavantage du motivé. Il n'est pas si facile d'accepter qu'entre les mots et le monde la distance doit augmenter progressivement pour que le monde pensé s'impose au monde perçu. Il n'est pas anodin de comprendre que c'est parce que la forme des mots n'a aucun rapport motivé avec la réalité qu'ils peuvent assurer l'emprise de l'intelligence humaine sur le monde. C'est dans cette quête délicate d'un signifié impalpable mais lié par une implacable convention avec son signifiant phonique que le petit enfant doit être accompagné, guidé, encouragé, stimulé sous peine de s'y perdre.

Affronter l'arbitraire des mots

Ma fille avait 4 ans. Elle était à demi allongée sur le tapis, occupée à dessiner avec un crayon rouge l'esquisse d'une maison. Un toit triangulaire surmontait un carré figurant la façade ; pas de cheminée, pas de fenêtres et une minuscule porte arrondie. À l'intérieur, des traces étranges dont émergeaient quelques lettres. Elle devina mon regard qui s'attardait sur son dessin et, sans que je la questionne, elle me dit :

« C'est la maison des mots.

— La maison de tous les mots ?

— Non, la maison de mes mots à moi. C'est pour ça qu'il y a une toute petite porte, bien fermée, pour que les mots des autres n'entrent pas.

— Mais tes mots à toi et les mots des autres, c'est la même chose ?

— Pas du tout ! Dans cette maison-là, je fabrique les mots comme je veux. C'est moi qui décide comment ils s'appellent.

— Bon, mais à quoi ils servent tes mots s'il n'y a que toi qui les connais ?

— Ils sont là, rien qu'à moi. Je vais les voir, je les appelle, et ils me répondent.

— Tu peux m'en dire un ? »

Elle hésita un peu, puis : « Bon ! un seul, et tu ne le répètes à personne. »

Elle me montra du doigt un livre posé sur mon bureau : « Lui, c'est *kimo* », puis, ravie de mon étonnement, elle ajouta, désignant le tapis, « et lui, c'est *bali* » ; puis, pointant son doigt vers moi, « et toi, c'est *boulou* ».

« Mais, est-ce que quelqu'un d'autre connaît ces mots-là ?

— Non, je ne les envoie à personne ; sinon ils deviendraient les mots des autres ; ils ne m'appartiendraient plus. Tu comprends ? »

Elle me fixa longuement, puis :

« Mais, tu le sais, toi, qui les a fabriqués, les mots de tout le monde. Qui a décidé que ça s'appelle “maison”, "livre" et "chaise" ? On pourrait bien dire tout ça autrement, comme dans ma maison... »

En quelques phrases, ma petite fille avait posé la question de l'arbitraire du signe (« pourquoi appelle-t-on cet objet, cet être ou ce concept de cette façon ? ») et celle de la genèse du langage (« qui en a décidé et quand ? »)... Mes réponses ont dû être à l'époque bien embarrassées et bien peu éclairantes. J'ai dû dire quelque chose comme : « On a tous décidé ensemble parce qu'il fallait bien qu'on se comprenne. » Cela ne répondait en aucune façon aux justes interrogations d'une enfant qui commençait à prendre avec la langue des distances propices à l'observation et aux premières analyses.

Il y a une vingtaine d'années, j'avais initié une recherche[3] sur la façon dont les enfants de 5 à 6 ans s'y prenaient pour fabriquer un code. Comme ils ne savaient pas encore écrire, ils avaient recours à des dessins qui, peu à peu, à mesure qu'ils étaient utilisés, prenaient de la distance avec ce qu'ils représentaient pour finir par être pratiquement arbitraires. Ainsi, le signe du lapin avait, tout au long d'une année scolaire, suivi le parcours suivant :

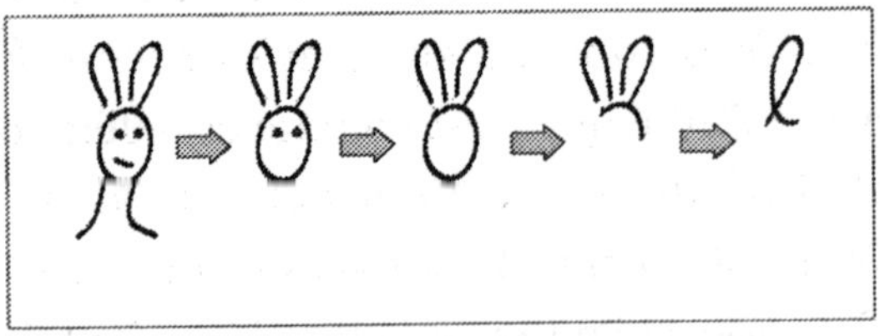

3. A. Bentolila, *Mise en signes et mise en mots*, thèse d'État Paris-Sorbonne, 1981.

De la représentation, certes approximative, du lapin, on était passé par stades successifs à une lettre « ℓ » qui conservait encore – pour les initiés – la mémoire de l'oreille du lapin.

Dans le même esprit, le signe représentant la « maison » avait connu l'évolution suivante :

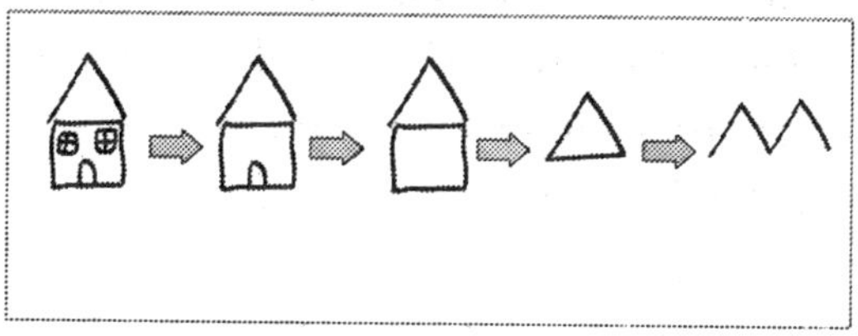

D'un dessin de façade avec toit, porte et fenêtres, seul le toit résista à l'usure pour en arriver à se fondre dans la lettre « M » qui tentait de préserver le souvenir lointain, presque effacé des pentes du toit.

Vers la fin de l'année, je posai aux enfants une question analogue à celles que m'avait adressées ma fille : « Pourquoi écrit-on le lapin : "ℓ" et la maison "M" ? »

La très grande majorité d'entre eux avait totalement oublié l'évolution du signe et sa genèse figurative. La réponse : « Parce que c'est comme ça » l'emportait très largement. L'arbitraire s'était installé, rendant inopportune toute question sur la motivation du signe.

Que les mots soient oraux ou qu'ils soient écrits, rien ni personne ne peut expliquer pourquoi tel sens est porté par telle combinaison de sons, ou par telle suite de lettres plutôt que par une autre. Rien ne prédispose la suite de sons /gato/ à évoquer le sens du mot « gâteau » ; de même qu'en espagnol rien n'appelle les mêmes sons (ou à peu près) à porter le sens de « chat ». N'en déplaise à certains kabbalistes de salon, aucune démonstration sérieuse n'a pu établir un lien de nécessité entre la forme d'un mot écrit ou prononcé et le sens qu'il évoque. Il nous faut donc accepter l'arbitraire du signe linguistique et faire à la question : « Pourquoi dit-on cela comme ça ? » la réponse : « Parce qu'il *en est* ainsi » et non pas : « Parce qu'il *devait* en être ainsi. »

Si l'enfant accepte volontiers le caractère arbitraire des mots qu'il utilise, il peut arriver, à nous adultes, qu'une soudaine conscience de l'absence de lien nécessaire entre sens et forme nous prenne au dépourvu. Nous éprouvons ainsi un étrange malaise quand, de façon inopportune et sournoise, la conscience de l'arbitraire vient arrêter le cours de notre parole ou de notre écriture pour nous faire nous pencher sur les précipices insondables des mystères de la création des mots. Dès l'instant où nous vient l'idée saugrenue que l'on pourrait aussi bien dire ou écrire autrement « chien » ou « chat », « table » ou « chaise », commencent alors à se gripper les mécanismes silencieux et bien huilés qui nous font habituellement venir à l'esprit les mots avec un parfait sentiment d'évidence. Si, au détour d'une phrase, sous l'effet de la fatigue ou d'une hésitation, nous laissons émerger la question fatale de l'arbitraire du signe, alors les mots nous manquent parce qu'ils ont perdu leur légitimité naturelle. Nous vient alors une sorte de vertige assez effrayant qui coupe le flot tranquille de notre discours ; car, dès lors qu'on se dit que rien ne justifie le fait que « chien » se dise [šjɛ̃] et « chat » [ša], se fissure alors le socle de certitudes sur lequel se fonde notre activité langagière.

Essayez donc ! Arrêtez votre plume ou votre langue sur un mot ; demandez-vous pourquoi il fait ce bruit-là et non un autre, et vous verrez si la tête ne vous tourne point et si vous ne revenez pas bien vite vous réfugier à l'abri de vos habituelles certitudes. La condition même de la parole ou de l'écriture est que l'on enfouisse au plus loin de notre activité langagière ou scripturale la question de l'arbitraire afin que le choix de nos mots s'apparente à l'évidence. C'est ce même vertige qui prend certains enfants dont on dit qu'ils n'ont pas le « sens » de l'orthographe. Tout leur paraît possible ; la conscience de l'arbitraire orthographique les précipite dans un doute épouvantable. Pourquoi « an » ici, et « en » là ? Pourquoi « s » ici et « ç » là ? Pourquoi « ses » ici et « ces » là ? Les méthodes qui présentent systématiquement aux apprentis scripteurs des paires homophones comme son/sont, c'est/ces/ses, on/ont n'ont d'autre effet que de renforcer ce doute orthographique et de déstabiliser encore plus les enfants en difficulté. En rapprochant ces mots sur leur similitude phonique, hors de leur utilisation grammaticale, on induit l'idée que l'orthographe est une loterie où l'on gagne rarement.

Nous avons certes quelques remèdes, toujours provisoires, au vertige de l'arbitraire du signe. Ainsi, si je me demande : « Pourquoi dit-on "reconstruction" ? », je peux expliquer : « Parce que le verbe "construire" donne "construction" qui lui-même permet "reconstruction". » Mais, en vérité, je ne fais que repousser l'échéance ; car à la question « Pourquoi "construire" ? », je répondrai certes parce que le mot vient du latin : *con-struere* (sur le même modèle que « dé-truire »), mais je provoquerai aussitôt la question pourquoi *struere* qui me renverra peut-être à un étymon indo-européen qui marquera sûrement la fin de mon impossible quête.

Tous les systèmes linguistiques du monde obéissent au principe selon lequel rien ne relie la forme phonique (orthographique) au sens des mots sinon une convention collective non négociable. L'arbitraire du signe linguistique constitue la condition nécessaire à l'indépendance de la forme d'un mot par rapport à son sens. Si nous n'avons pas tous la même représentation des mots « fontaine », « ballon » ou « démocratie », il ne nous vient cependant jamais à l'idée de changer la façon de dire ou d'écrire chacun de ces mots en fonction de l'acception que nous en avons. Si au contraire la forme d'un mot avait quelque chose à voir avec son sens, chacun serait tenté de la modifier pour l'adapter au mieux à l'image qu'il s'en fait et nous aurions de plus en plus de mal à nous comprendre. La fonction de communication exige que la langue soit stable, c'est-à-dire évolue lentement et par consensus général et non au rythme des fantaisies individuelles ; l'arbitraire du signe linguistique est le facteur qui assure cette stabilité.

Si le signe linguistique est essentiellement arbitraire, il est d'autres signes qui dévoilent de façon plus évidente leur motivation. La trace imprimée dans un sol meuble par la patte d'un ours indique le passage de ce mammifère ; avec un peu d'attention et de chance, on pourra même se faire une idée approximative de l'heure de son passage. Il n'y a là rien d'arbitraire ; ce que l'on voit signifie un peu plus que la simple réalité perçue ; mais, entre le réel et le sens qu'on lui confère, il y a une relation évidente et directe. Moins direct, moins évident mais bien réel est le lien qui unit le symbole et sa signification. La fleur de lys, emblème de la royauté, révélera le pourquoi de son sens pour peu que l'on se donne la peine d'aller le chercher chez le roi Salomon d'abord, chez les Capétiens ensuite ; le rameau d'olivier, symbole de la paix, trouvera sa justification si l'on veut bien se souvenir qu'une colombe en ramena un à Noé. Indices, symptômes (une douleur à la tête qui signale une tumeur ou une simple indigestion), emblèmes et symboles ne sont pas de nature arbitraire ; par contre les signaux de fumée, les éclairs lancés par un miroir ou les battements de tambour sont des signes arbitraires qui peuvent parfois être organisés en systèmes rudimentaires de communication[4]. Mais, dans

4. Qu'il soit clair que je ne parle pas ici de systèmes tels que le morse, les signaux optiques ou le braille qui sont un codage particulier de notre alphabet et qui n'en diffèrent que par la nature matérielle de leur support.

tout cet univers de signes, les mots oraux comme les mots écrits tiennent une place très particulière : la stabilité de leur forme, la flexibilité de leur sens, leur productivité quasi infinie tout comme leur organisation syntaxique assurent à la langue humaine son formidable pouvoir et sa spécificité.

Apprendre à tenir des propos sur le monde

Avec ses gestes et son regard qui peu à peu affirment son goût de l'autre, avec ses premiers mots gagnant progressivement constance phonique et poids sémantique, l'enfant manifeste deux intentions complémentaires : la première est celle de la demande (je veux, j'exige, j'ai besoin de) ; la seconde est celle de la désignation (je montre, j'identifie). Dans l'un et l'autre cas, il s'agit avant tout de partager avec sa mère un accord sur le découpage d'une réalité sans cesse questionnée par l'émergence de la parole.

Ces deux fonctions premières que l'enfant assigne à son langage en gestation ont une caractéristique commune : l'une comme l'autre mobilisent des messages composés d'un seul mot ou parfois de deux mots sans relation entre eux. En effet, lorsque l'on borne son ambition à identifier un objet ou un personnage, le plus souvent présent dans la situation de communication, un seul mot suffit ; deux si l'on désigne successivement un objet puis un autre, un personnage puis un autre. Ainsi, un enfant de 8 ou 9 mois prononcera « bibion » pour demander son biberon ou « poupou » pour accueillir sa poupée ; faisant ainsi la preuve de sa capacité de nommer justement certains éléments de son monde.

Lors de cette première phase de la communication, l'enfant dit « de qui » ou « de quoi » il parle. Que ce soit pour désigner ou pour demander quelque chose, la seule volonté qu'il exprime est d'obtenir de l'autre qu'il identifie « ce dont » il parle. Il parle de son biberon pour le demander, il parle de sa poupée pour montrer qu'il la reconnaît. Sa relation à l'autre se fonde sur l'accord suivant : « J'envoie un bruit particulier que j'ai réussi à articuler, je veux que tu relies ce bruit à un objet particulier. » L'enjeu des premiers messages linguistiques est donc l'identification du signe linguistique réunissant arbitrairement un signifiant phonique à un élément du réel.

Les mots que l'enfant utilise vont prendre de plus en plus de distance avec les objets réels qu'ils désignent. Peu à peu, le même mot suggère des représentations multiples du monde et s'affranchit ainsi progressivement du geste et du regard. Le champ des significations possibles d'un mot s'élargit et laisse donc à l'auditeur une liberté de plus en plus importante d'interprétation. En d'autres termes, plus le sens des mots s'abstrait du perçu et moins on possède de contrôle sur ce que va en faire son destinataire. Il devient donc indispensable de pouvoir apporter à ce sens qui se détache du concret des précisions qui assureront mieux l'emprise du locuteur sur les représentations que construit le destinataire du message. S'impose alors la nécessité non seulement d'évoquer ce dont on parle, mais surtout de dire quelque chose à ce propos. Le temps du *propos* est en effet arrivé : tenir sur un être ou un objet qu'un mot évoque des propos qui l'actualisent et le précisent. Ces propos placeront un personnage ou un objet dans une situation spécifique ; en feront un acteur, en préciseront qualités ou défauts, l'incluront enfin dans un cadre temporel ou spatial. Le petit enfant tenant ses premiers propos sur le monde affirme ainsi à l'autre sa volonté de mieux tenir les rênes d'une communication qui sert plus sûrement ses intentions.

En ouvrant à sa communication de nouvelles perspectives, l'enfant va changer la nature de la relation qu'il entend établir. Il propose un nouveau type de contrat linguistique que l'on peut exprimer de la façon suivante : « Jusqu'ici, tu avais à identifier des mots successifs et indépendants. À présent, tu dois les mettre ensemble (*syn-taxis* : « mise ensemble ») pour construire une représentation globale qui ne soit pas le résultat de leur simple juxtaposition. »

Le petit enfant propose ainsi à son auditeur d'effectuer une opération de transformation : transformer deux mots successifs en une expérience globale qui dépasse et modifie le sens respectif de chacun de ces mots. En exigeant de son auditeur cette transformation, l'enfant pose et se pose une question essentielle : « Comment construire du global à partir d'une suite de mots nécessairement produits les uns après les autres ? »

Revenons à notre petit enfant de 9 mois qui bornait ses ambitions à désigner certains des objets de son entourage. Il arrive à produire à l'intention de sa mère le

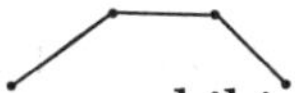

message suivant : poupou bibjon. Il prend soin d'inscrire explicitement ces deux mots dans une enveloppe intonationnelle qui indique qu'ils ont à voir ensemble ; dans ce jeu de communication, ils forment une équipe, ils ne jouent pas chacun pour lui-même. La courbe d'intonation englobe les deux mots dans une même intention : elle monte sur la première syllabe (le bi de « bibion ») et elle ne descend que sur la dernière syllabe (le pou de « poupou »). L'enfant signale ainsi le changement des règles du jeu linguistique : il propose une construction de sens là où auparavant il ne demandait qu'identification ponctuelle et successive des mots. Il ne s'agit plus de dire : « c'est un biberon », « c'est une poupée » ; il veut parler d'une poupée et, à son propos, il indique à sa mère qu'il a vu sa sœur lui donner le biberon. Bien sûr, il donne à sa mère peu d'indications précises : l'acteur (sœur) n'est pas mentionné ; l'action (donner) ne l'est pas non plus. Mais il y a cependant une intention explicite : à propos de la poupée, il fait un *commentaire* dont le biberon constitue l'élément essentiel. Sur cette base, certes incomplète, mais ambitieuse, il attend de sa mère l'édification d'une expérience globale cohérente. L'enfant demande que sa mère comprenne ce qu'il dit *à propos* d'un élément du monde sans être encore capable de lui fournir toutes les indications nécessaires.

Pour que cette première tentative réussisse, il faut donc qu'il ait la chance de bénéficier d'auditeurs-médiateurs attentifs et bienveillants, désireux de l'aider à transformer son essai. En manifestant qu'elle a compris les premiers propos tenus par son enfant, la mère lui indique qu'il est sur la bonne voie linguistique : le langage est bien fait pour parler du monde et non pas seulement pour en nommer une à une les composantes visibles. C'est ainsi que l'enfant « entre en langue ». Il installe au cœur même de son désir de communiquer le couple thème-propos : poser ce dont on parle et en penser quelque chose que l'on veut partager. Thème et propos dans leur fusion lui apparaissent dès lors comme le fondement essentiel de la communication humaine. La parole humaine portera ses ambitions d'exégèse et ne se bornera pas au constat et à l'appellation. On mesure donc le caractère crucial de ces premiers essais et l'audace qu'il faut à l'enfant pour franchir le pas qui le mènera au commentaire intelligent du monde. Il faut que l'hypothèse qu'il ose formuler en « accouplant » ses mots soit confirmée par la bienveillante compréhension de l'adulte.

Très tôt, dans son apprentissage, l'enfant pose cette question : « Comment transmettre sa pensée avec des mots ? » Ses premières hypothèses de réponses sont portées par ses premières tentatives langagières dont il faut saisir l'enjeu. Des réponses qui leur seront apportées dépend le destin sémiologique du jeune enfant et pour une part son destin scolaire et social. Combien sont-ils ceux qui ont la chance de trouver sur le chemin de la découverte des enjeux de la langue les médiateurs bienveillants et exigeants qui sauront reconnaître l'intelligence sous les tentatives maladroites, analyser les approximations pour les transformer en conquêtes nouvelles ? Combien sont-ils ceux qui, livrés trop tôt à eux-mêmes, puis à la machine scolaire, verront leurs essais langagiers se perdre dans le silence et l'indifférence ?

Apprendre ce que parler veut dire

Le tout jeune enfant effectue ses premiers pas linguistiques dans un cercle étroit de familiarité et d'extrême connivence. Il s'adresse alors à des personnes qui n'ont d'yeux que pour lui ; il désigne par ses premiers mots des êtres et des objets qui sont directement visibles. Sa parole n'est alors qu'une sorte de geste verbal qui vient désigner ce que les yeux perçoivent. Pour confirmer ce dont la réalité atteste directement l'existence, des moyens linguistiques très limités suffisent ; et cela tombe bien car, de moyens, le jeune enfant en a fort peu.

L'essentiel de l'apprentissage va consister à quitter ce cocon douillet dans lequel tout est déjà su (ou vu) avant même d'être dit pour entamer une longue marche, parfois douloureuse, vers la distance et l'inconnu. Sortir du pré carré de la familiarité et de la connivence pour s'adresser à ceux que l'on connaît moins pour leur dire des choses qu'ils ignorent, tel est le vrai défi de l'apprentissage de la langue. Ce défi, un enfant ne pourra le relever tout seul ; il aura besoin de médiateurs qui lui rappelleront sans cesse qu'au jeu du langage c'est l'étranger qui est son partenaire privilégié et l'étrange[5] son sujet d'élection. C'est la volonté de repousser progressivement les limites du connu qui constitue le véritable moteur de l'acquisition du langage. C'est en effet pour élargir le cercle de ceux à qui il s'adresse et celui des sujets qu'il ose aborder qu'un jeune enfant consentira des efforts pour acquérir un vocabulaire plus riche, des structures plus complexes. Autrement, à quoi bon ? On ne se dote pas de moyens puissants si l'on n'a nulle intention de conquête. C'est bien cette intention qui donne un sens aux acquisitions linguistiques. Cette démarche lucide, à la fois heureuse et laborieuse, n'est pas programmée. Elle n'est pas non plus solitaire ; elle se dessine et s'affirme à mesure que se dévoilent les promesses d'accéder au pouvoir que la langue confère à ceux qui sauront la maîtriser.

À cette maîtrise du langage, bien des enfants n'accéderont pas. Ce sont des enfants qui ont un développement cérébral normal, qui ne souffrent d'aucun trouble psychologique sévère et qui pour autant sont en situation d'insécurité linguistique dès que s'imposent à eux la distance et une moindre prévisibilité. Ce sont des enfants qui, à 4 ou 5 ans, ne savent « parler qu'à vue ». L'absence de ce dont

5. « Étranger » et « étrange » signifient ici « moins connu », « moins évident », « moins prévisible ».

ils parlent, l'absence de celui à qui ils parlent les inquiètent, rendent leur parole hésitante et les incitent souvent à garder un silence prudent. Effrayés par la distance, démunis devant l'inconnu, ces enfants auront les plus grandes difficultés à aborder la lecture. Comment imaginer en effet que des enfants dont le discours se réduit à la désignation, au constat ou à la demande pourront affronter les exigences propres à l'acte de lire : celui qui a écrit n'est pas là ; on ne sait que peu de chose de ce que l'on va découvrir ; c'est le monde d'un autre que l'on doit construire. Le fossé qui sépare leur langage oral de proximité de l'écrit à conquérir est immense et pour beaucoup infranchissable.

Le degré de maîtrise de la langue auquel parvient un individu est directement fonction de la qualité de la médiation dont il a bénéficié dans ses premières années. C'est au cours de ces moments privilégiés où on l'aide à dévoiler la langue dans toutes ses dimensions qu'un enfant comprend ce que parler veut dire en saisissant progressivement les enjeux du langage. À bien y réfléchir, la seule question qui importe en matière d'apprentissage est celle du « pour quoi ? » bien avant la recherche du « avec quoi ? ». Un enfant ne cherchera à s'emparer des moyens linguistiques que sont des mots nouveaux ou des outils grammaticaux précis que s'il voit se dessiner au loin et peu à peu prendre forme les véritables enjeux du langage : gagner un peu de pouvoir sur le monde et sur les autres. Ces enjeux, un petit enfant ne les découvre pas tout seul ; c'est à l'occasion des premiers échanges qu'on pourra lui montrer que la conquête du verbe mérite d'être tentée parce qu'il pourra en tirer un bénéfice personnel. Si un enfant n'apprend pas à parler tout seul, il n'apprend pas simplement en imitant les autres, mais avec la volonté de s'affirmer lui-même.

Il est souvent arrivé que des parents me posent la question suivante : « Si mon fils (ou ma fille) me raconte quelque chose que je ne comprends pas ou que je comprends mal, faut-il que je le lui dise ? » Ils ajoutaient souvent : « Est-ce que je ne risque pas de le bloquer, de lui faire perdre confiance ? »

À cette question, j'ai invariablement répondu : « Rien n'est pire que de faire croire à un enfant qu'on l'a compris lorsque cela n'est pas vrai. » C'est le tromper et l'empêcher d'avancer. C'est lui dire que, en fait, sa parole ne compte pour rien ; que comprendre ce qu'il dit vous est indifférent. En matière d'apprentissage, l'échec révélé et analysé est un formidable moteur à condition bien sûr d'accueillir ses tentatives maladroites avec autant de douceur que de fermeté.

Retrouvons notre petite fille dont nous avions observé les premiers essais de mise ensemble. Elle a aujourd'hui 3 ans et demi ; elle rentre de l'école et dit à sa maman : « Maman, la maîtresse nous a raconté une belle histoire. » Voyant que sa mère lui prête une oreille attentive, elle lui dit : « Eh bien, tu vois, ils l'ont vue, alors ils l'ont suivie. Et puis, ils l'ont rattrapée et ils l'ont enfermée là-bas dedans. Heureusement, les autres, ils l'ont su ; alors ils sont venus la libérer et il l'a épousée. »

À ce moment-là, la mère a deux solutions : soit elle lui dit : « Ma chérie, elle est formidable ton histoire, va donc regarder la télévision ! », ce qui est une façon de renoncer à son devoir d'éducation et de transmission ; soit elle prend le risque de lui dire avec toute la tendresse possible : « Ma chérie, c'est très gentil de m'avoir raconté ton histoire, MAIS je ne l'ai pas comprise. »

Le choix est décisif ! Je ne suis pas loin de penser que les enfants qui n'ont pas eu la chance que leur mère leur dise un jour : « Je ne t'ai pas compris, mais je veux t'aider à te faire mieux comprendre » sont privés de la clarté cognitive propice à la maîtrise progressive du langage.

La mère qui indique à sa petite fille qu'elle ne l'a pas comprise lui dit aussi que, par-dessus tout, *il lui importe de la comprendre*. Elle lui signifie qu'elle et sa fille ne sont pas une seule et même intelligence. Elle ne vit pas dans la tête de sa fille non plus que cette dernière ne vit dans la sienne. Elle ne peut donc voir dans la tête de sa fille le film qu'elle y projette. Chacune d'elles possède une mémoire singulière. Elles n'ont pas vécu exactement les mêmes choses, assisté aux mêmes scènes, entendu les mêmes histoires. En lui disant : « Je n'ai pas compris », la mère fait comprendre à sa petite fille une chose essentielle : elle qui n'a que 3 ans et demi sait des choses que sa mère ne sait pas encore ; et la langue est justement faite pour dire à quelqu'un d'autre ce qu'il ignore encore. Cette distance intellectuelle que la mère impose à sa petite fille n'altère en rien l'immense affection qu'elle lui porte ; cette séparation intellectuelle nécessaire est douloureuse et doit se faire dans la tendresse et la bienveillance, et signifier clairement : « Je veux te comprendre. » Car, une fois affirmées insuffisances et approximations, tout reste à faire ; la petite fille ressent en effet de la déception et quelque irritation. Pour elle, si sa mère ne l'a pas comprise, c'est parce qu'elle y met de la mauvaise volonté. Il faudra donc qu'elle lui précise qu'elle n'était pas en classe lorsque la maîtresse a raconté l'histoire et que par conséquent elle ignore « qui a suivi qui ? », « qui a enfermé qui et où ? », « qui a délivré qui ? » et « qui a épousé qui ? ». Acteurs et lieux ne s'inventent ni ne se créent par enchantement, ils se conçoivent et se construisent sur la base des directives de celui qui tient fermement la parole.

La maman devra donc amener sa fille à expliciter certains des éléments de son histoire afin que s'ouvrent, l'une après l'autre, les fenêtres qui en éclaireront le sens. L'enfant précisera que ce sont « les méchants lutins » qui ont pris « la belle princesse » et qui l'ont enfermée « dans une caverne profonde ». Heureusement, « le roi et le prince » l'ont appris et sont venus la délivrer ; et enfin, « le prince » l'a épousée.

C'est un véritable travail auquel s'est livrée cette petite fille de 3 ans et demi, encouragée, guidée par une mère bienveillante mais d'une exigence sans faille. Un travail comparable à celui qu'effectue un sculpteur avec son ciseau, transformant coup après coup un morceau de bois informe en une représentation identifiable. Ce travail, l'enfant l'a effectué non pas seulement pour faire plaisir à sa mère, non pas pour lui obéir sous peine de punition, mais parce qu'on l'a amenée à comprendre que les efforts qu'elle a consentis pour mieux assurer sa parole lui donnent prise plus fermement sur les autres et sur le monde ; renforçant la conscience de sa propre existence et de l'existence d'un autre, certes différent et distant, mais par là même partenaire d'un dialogue qui prend forme. Lorsque, le soir venu, la petite fille retrouvera son père et lui racontera l'histoire *travaillée* de la princesse, elle aura ce plaisir immense que son père ne lui dise pas : « Je n'ai pas compris. » Elle aura l'infinie satisfaction d'avoir le pouvoir d'inscrire dans l'intelligence de son père une trace qui n'appartient qu'à elle, d'enrichir la mémoire de son père d'une histoire qui n'y était pas auparavant.

L'expression « langue maternelle » ne signifie pas seulement la langue parlée par sa mère, mais bien plus encore la langue *apprise de* sa mère. Passer la parole à son enfant, c'est lui faire comprendre qu'il faut prendre avec lui les distances propices à ce que s'installe une relation de communication. La mère doit donc procéder à une séparation des deux intelligences afin que l'enfant reconnaisse la singularité de chacune d'elles. Cet écart intellectuel ne met en aucun cas en cause l'amour qu'elle lui porte ; bien au contraire ! La mère transmet à son enfant les armes du pouvoir linguistique et l'invite à les exercer d'abord sur elle en lui montrant qu'il sait ce qu'elle ne sait pas encore et qu'elle brûle de savoir. Repoussant une illusoire communion pour entrer en communication, elle met entre elle et son enfant une distance propice au tissage de liens infiniment plus riches et plus explicites.

Apprendre ce que lire veut dire

Il y a une dizaine d'années, je dirigeais une recherche sur les comportements de lecture de jeunes adultes en difficulté. Nous recevions individuellement des jeunes gens de 18 à 20 ans à la caserne de Vincennes et leur proposions de lire un texte simple et court.

La porte s'ouvrit brutalement. Un jeune homme entra. Grand, ses cheveux blonds taillés en une brosse courte lui donnaient un air martial. Il pointait son regard bleu droit devant lui, un bon mètre au-dessus de moi qui me trouvais assis derrière un petit bureau métallique.

« Tarlé Gabriel », annonça-t-il d'une traite comme on se débarrasse d'une leçon difficilement apprise. Il se planta devant le bureau dans une sorte de garde-à-vous qu'il devait penser de circonstance. Moi qui n'avais pas fait mon service militaire, je ne pus résister à l'envie de lui dire « Repos ! » avant d'éclater de rire et de lui expliquer que je n'avais rien à voir avec la hiérarchie militaire. Cela eut l'air de le décevoir. Je l'invitai à s'asseoir et lui tendis un petit texte ; je lui demandai de le lire afin qu'ensuite il puisse me dire ce qu'il en avait compris. Il se pencha en avant, les deux mains posées à plat de part et d'autre de la feuille, dans la position d'un haltérophile s'apprêtant à soulever une lourde barre. Le visage contracté par l'effort, il commença : « Le... les tr... tro... trois. » Il me jeta un coup d'œil furtif pour quêter mon approbation puis chercha désespérément l'endroit du texte où il devait reprendre. « Co... com... (il murmura "c'est ça : com...") pa... » Là, il buta, dérouté par le « gn ». Je lui soufflai : « "Compagnons", c'est "compagnons" qu'il y a écrit. – Ah oui, oui ; c'est "-gnon". » Il sauta le mot suivant « marchaient » et reprit : « Dans... le... sa... sable. » Une lueur dans son regard indiqua qu'il avait reconnu le mot « sable ».

Il poursuivit ainsi sa marche trébuchante et courageuse pendant de longues minutes. Il n'était pas décidé à jeter l'éponge. Syllabe après syllabe, mot après mot, il avançait à tâtons en ne voyant jamais plus loin que le bout du segment. De loin en loin, il reconnaissait un mot qu'il répétait plusieurs fois avec satisfaction, comme lorsqu'on reconnaît un visage connu dans une foule anonyme. C'était un combat vain mais héroïque ; d'autant plus héroïque qu'il ne promettait aucune issue heureuse, aucune issue du tout. Le sens ne serait pas au bout de l'effort, mais la tâche était exécutée en conscience avec le souci de prononcer juste, de produire les « bons bruits ». Labeur sans objet final, mais labeur respectable dans son morcellement, dans sa successivité, dans son opiniâtreté. Je le laissai donc poursuivre jusqu'à la fin ; le dernier mot du texte était « espérance » ; il le prononça sans émotion particulière, dans un ultime égrènement syllabique. Il leva les yeux et pour la première fois me regarda en face ; il était allé au bout ; il avait relevé le défi de grignoter, morceau par morceau, ce texte long de dix bonnes lignes et il n'était pas mécontent du travail accompli.

Vers la fin de l'après-midi, la porte s'ouvrit doucement ; une tête brune passa par l'entrebâillement et une voix hésitante demanda si c'était bien là le bureau pour les illettrés. Je me dis que, décidément, le service d'accueil faisait bien mal son travail et je me promis d'aller leur dire deux mots. J'invitai le jeune homme à entrer, à s'asseoir et lui proposai un texte qui était présenté sous forme d'un article de journal ; c'était un fait divers qui racontait l'histoire d'un jeune homme, employé dans une pharmacie, qui avait une passion pour les soucoupes volantes. Il en construisait une en fil de fer et en prenait une photo. Mais, au laboratoire auquel il confia sa pellicule, un employé indélicat donna la photo aux journaux et, le lendemain, la presse locale titrait : « Une soucoupe volante atterrit dans notre ville ».

J'invitai donc le jeune homme à lire le petit texte afin qu'on en parlât ensuite ensemble. Pas un bruit, pas un murmure, pas le moindre son ; bouche close, il parcourait du regard le texte posé devant lui. Cela dura un peu plus d'une minute, puis il releva la tête et attendit. Je lui demandai : « Alors, il parle de quoi cet article ? »

Un petit instant de silence comme pour bien rassembler ses pensées, et : « Voilà, ça se passe dans une pharmacie ; il y a un type qui rentre et qui demande des produits. Le pharmacien, il veut rien savoir ; alors il appelle la police... »

Mon air stupéfait le fit s'interrompre :

« C'est pas bon ? C'est pas ça ?

— Eh bien, non ! Ça n'est pas tout à fait ce que raconte le journal.

— Bon, bon, je me suis trompé. Alors, c'est l'histoire du type qui rentre dans le laboratoire pour voler des photos, des documents secrets, quoi. Et puis les autres, ils veulent les avoir, alors ils le tuent et il y a son nom dans le journal. »

Il se tut et me regarda d'un air satisfait. Il semblait sûr de son coup. Celle-là, c'était la bonne histoire ; il y avait mis le laboratoire, les photos, le journal, il ne pouvait pas s'être trompé...

« Alors, ça va, là ? », me demanda-t-il, un peu anxieux. « C'est un peu mieux », me forçai-je à dire, sachant pourtant qu'en matière de lecture il n'y a pas de mieux, il n'y a que du juste.

Il se leva et sortit, trouvant sans doute que j'étais décidément bien difficile à contenter. Il est resté dans ma mémoire le « bricoleur de sens » s'opposant au « faiseur de bruit » qu'avait été mon « client » du matin.

Faiseur de bruit, bricoleur de sens, chacun avait noué avec l'acte de lire un malentendu particulier que ni la famille ni l'école n'avaient réussi à éviter. Le premier, tout entier engagé dans une besogne aride mais exigeante de juste prononciation, n'avait pas même l'idée qu'un sens global était à découvrir derrière le bruit des mots. Le second prenait appui sur quelques mots-tremplins et bricolait des scénarios inspirés de sa vie quotidienne ou de fictions télévisuelles. Ni l'un ni l'autre n'avaient eu la chance de comprendre ce que lire veut dire ; et, lorsque l'on ne sait pas ce que lire veut dire, la lecture devient alors une activité sans objet.

Avant même d'apprendre à lire, un enfant devrait savoir ce que c'est que lire. Comprendre les enjeux de la lecture avant de passer à l'acte éviterait de s'engager sur de fausses pistes et d'investir son énergie dans des tâches qui ne font que caricaturer l'acte de lire.

Cet après-midi-là, je rentrai un peu plus tôt que d'habitude. Ma fille, qui avait à peine 3 ans, était avec son grand-père dans la cuisine. Ni l'un ni l'autre n'avaient senti ma présence. J'entendais la voix de mon père qui lisait une histoire ; je percevais le bruit régulier des pages qu'il tournait sans que s'interrompe si peu que ce soit sa lecture. Une fois de plus, je me dis qu'il était un formidable lecteur. Plus encore que de mettre le ton, sa voix servait le texte ; elle en exaltait la ponctuation, en ciselait la syntaxe, en lustrait le vocabulaire. Dès les premiers mots que j'entendis, je sus qu'il s'agissait du *Petit Poucet* : « Ils frappèrent à la porte ; une femme ouvrit. "Ah ! mes pauvres enfants, vous êtes dans la maison de l'ogre, il faut vite que je vous cache..." »

Quand il eut achevé de lire le conte, il demanda à ma fille : « Allez, à toi de me raconter l'histoire. » Elle se mit à l'œuvre. De temps à autre, elle en rajoutait un peu ; le Petit Poucet avait de toutes petites jambes et une très grosse tête, les petits cailloux étaient devenus rouges (sans doute pour mieux les voir). Son grand-père laissait s'exprimer une imagination qui n'offensait pas le texte. Elle en arriva à l'épisode de la maison de l'ogre : « Alors la femme de l'ogre les attrape, elle les attache et elle les garde pour l'ogre. »

Là, son grand-père l'arrêta : « Viens ici, près de moi, on va voir ce que dit le livre. » Je l'entendis tourner plusieurs pages, comme lorsqu'on recherche un passage précis. Puis : « Voilà, c'est là, regarde, je vais te lire ce qui est dans le livre. La femme de l'ogre dit aux enfants : "L'ogre, mon mari, va rentrer bientôt ; s'il vous trouve, il vous dévorera. Venez, je vais vous cacher sous le lit et, surtout, ne faites pas de bruit." Alors, tu vois qu'elle n'est pas méchante la femme de l'ogre.

— C'est ça qui est écrit dans le livre ? dit ma fille.

— Oui, affirma son grand-père, c'est exactement ce qui est écrit. Quelqu'un a écrit cette histoire et il l'a écrite comme ça ; toi, tu n'as pas le droit de la changer. Quand tu sauras écrire, tu pourras toi aussi fabriquer tes histoires et ceux qui les liront ne pourront pas inventer n'importe quoi. »

C'est ainsi que ma fille apprit le respect que l'on doit au texte et à son auteur bien avant d'être capable d'identifier le moindre mot. Mais elle comprit aussi que ce respect n'avait rien d'un servage. Son imagination n'était pas congédiée dès le premier mot lu par son grand-père ; bien au contraire : elle était invitée à une promenade dont l'auteur (et là le conteur) dessinait le parcours, précisait les étapes. Mais cette promenade restait la sienne ; personne ne pouvait la faire à sa place.

Entrer en lecture en ayant une idée juste de ce que lire veut dire donne du sens aux efforts qu'un enfant va fournir tout au long de son apprentissage. Car il faut bien admettre qu'apprendre à lire demande des efforts. Le plaisir de lire est au bout d'un chemin au long duquel l'aisance désinvolte est rarement de mise. Si l'on peut trouver du plaisir dans le fait d'apprendre à lire, ce n'est certainement pas parce que c'est facile ; c'est parce que l'on entrevoit vers quoi nous mènent les efforts que l'on consent. Le labeur qu'exige la patiente et nécessaire découverte des mécanismes du code écrit trouve sa justification dans la promesse affichée d'une lecture responsable : on saura respecter les mots d'un autre en y associant ses images singulières ; on acceptera la loi du texte sans renoncer à lui imposer la sienne. Mais, pour accéder à ce que l'on peut appeler la « probité de lecture » – expression plus pertinente que « plaisir de lire » –, encore faudra-t-il avoir appris à identifier les mots avec précision et à saisir avec exactitude l'organisation des phrases et des textes. Si l'on ne domine pas les conventions du code, on ne sera jamais un lecteur heureux ; car mieux on maîtrise les règles qui lient notre lecture à l'écriture d'un autre, et plus facilement on s'en libère sans craindre de trahir. Et c'est ainsi que l'on se donnera l'illusion splendide que le sens jaillit de notre esprit sans que le texte y soit pour grand-chose.

On n'apprend à lire qu'une seule fois ; de même que l'on n'apprend à parler qu'une seule fois. Je veux dire que l'on comprend une fois pour toutes ce que lire veut dire après avoir compris ce que parler veut dire. La lucidité d'un enfant apprenant à lire dépend ainsi de la clarté dans laquelle a baigné son apprentissage du langage oral. Cette prise de conscience des enjeux de la lecture n'est ni solitaire ni ponctuelle. Cela n'a rien d'une révélation subite, rien à voir avec l'*Eurêka*. La lecture, comme le langage, dévoile ses charmes à qui les découvre à son rythme avec l'aide attentive d'un adulte. L'autre vient-il à manquer, les hypothèses faites par l'enfant resteront alors lettre morte. Personne n'en signifiera la validité ou l'erreur et l'enfant, abandonné à lui-même, nouera avec la lecture des malentendus souvent définitifs.

L'immense majorité des enfants en difficulté de lecture ont souffert d'un sérieux déficit de médiation ; ils n'ont pas eu la chance qu'au bon moment, lorsqu'il le fallait, un adulte les aide à découvrir les vrais enjeux de la lecture. Ils n'ont pas eu la chance qu'un adulte leur montrât qu'ils lisaient le texte d'un autre et qu'à cet auteur absent ils devaient infiniment de respect et à son texte toute la puissance contrôlée de leur imagination.

S'il est une habitude détestable, c'est bien celle de lire une histoire à un enfant « pour l'endormir ». Lire à un enfant, c'est au contraire *éveiller son intelligence* ; appeler son imagination à négocier avec les directives de l'auteur. C'est parler de ce que l'on a lu ; se délecter des mots que l'on vient de découvrir. La lecture exige infiniment de vigilance ; la réduire à un somnifère me paraît une aberration.

Apprendre à mettre en scène

Comment faire de la grammaire avec des enfants de 4 ou 5 ans ? Certains trouveront qu'il est bien trop tôt pour encombrer ces jeunes esprits avec règles et nomenclatures. J'en suis parfaitement d'accord ! Mais, justement, il ne s'agit ni de règles ni de catégories ; il s'agit de *mise en scène*. Les mots d'une phrase sont pour certains des acteurs, d'autres plantent le décor, d'autres encore suggèrent une action. Comme dans toute pièce de théâtre, un acteur peut « coller » au rôle qu'on lui attribue ou au contraire être utilisé à contre-emploi ; de même, certains décors accueillent très naturellement telle action ou au contraire sont totalement inappropriés. Il en va de même pour les mots et pour les fonctions qu'ils occupent dans une phrase.

Si je dis : « La petite fille a mangé son carré de chocolat », tout va bien ! Chacun est à sa place ; la petite fille mange, le chocolat est mangé ; la phrase ne suscite aucune question. Par contre, si je dis : « Le chocolat a mangé la petite fille », les rôles attribués aux mots acteurs sont terriblement incongrus et mon jeune auditeur est immédiatement appelé à poser la question éminemment grammaticale : « C'est qui que t'as dit qui a mangé la petite fille ? » Ainsi, le caractère très inattendu de la mise en scène grammaticale entraîne spontanément un questionnement sur l'organisation grammaticale de la phrase.

Il n'est point question ici de « sujet » et d'« objet », il ne s'agit pas d'en montrer les positions respectives. Le jeu consiste à établir une tension suffisamment forte entre le sens d'un mot et la fonction qu'on lui impose pour que cette dernière soit mise en cause et donc identifiée. On permet ainsi à l'enfant de prendre progressivement conscience que la mise en scène d'une phrase n'est pas aléatoire : que certains mots disent « qui », d'autres « quoi », d'autres encore « où », « quand », « comment » et qu'il convient de respecter les indications du metteur en scène qui tient la parole. Les enfants, dès 3 ans, adorent les « phrases rigolotes » à travers lesquelles ils découvrent les rôles d'agent, de patient, de destinataire, de lieu, de temps...

Un peu plus tard, en période d'apprentissage de la lecture, j'ai eu l'occasion de proposer à deux enfants de 6 ans la phrase suivante : « Les petits poissons nagent dans la cour de l'école. » Ils lisent la phrase, font des mimiques étonnées, me regardent et disent : « Où c'est qu'ils nagent les poissons ? » « C'est pas dans la cour que les poissons ils nagent ! » Ces questions, ces remarques, sont de vraies réflexions grammaticales : elles isolent un groupe de mots, « dans la cour de l'école », et lui attribuent une fonction, celle de complément circonstanciel de lieu. Rien n'est explicitement nommé et pourtant tout est dit ! Pour clôturer le tout, l'un des deux enfants s'est emparé du feutre et a ajouté à la fin de la phrase le mot « inondée », rendant ainsi plausible ce qui était incongru.

Avant même de savoir nommer catégories et fonctions, un enfant qui apprend à lire est ainsi capable de manifester un sens aigu de la grammaire. Avec patience et régularité, en jouant avec l'organisation des phrases et le sens des mots, on peut de cette façon passer en revue les fonctions essentielles et leur impact décisif sur la construction du sens. Cet acquis précoce sera précieux ; tout au long de l'apprentissage de la lecture, ces enfants seront préparés à comprendre qu'au-delà de leur alignement systématique les mots se regroupent pour porter sur la scène du sens des acteurs qui jouent des rôles particuliers. Ils devront percevoir que des décors actualisent cette représentation. Ils réaliseront ainsi que cette grande mise en scène qu'est la compréhension obéit à des indicateurs dont on ne doit jamais ignorer la pertinence.

Trouver goût aux mots

Je n'ai que des filles ; deux, pour être précis. Et j'en suis fort aise ; le rapport des filles avec la langue est sans aucun doute plus ouvert, plus sain, que celui infiniment plus frileux et plus ambigu qu'entretiennent certains garçons avec les mots. Il y a bien des années, nous avions invité pour le sixième anniversaire de ma fille aînée deux de ses petits camarades d'école. Des enfants de familles plutôt aisées, parfaitement francophones. À un moment, m'adressant à mon épouse, je lui dis que son gâteau était absolument « exquis » et, me tournant vers les garçons, je leur dis : « Vous ne trouvez pas qu'il est exquis ce gâteau ? » Ils eurent comme un mouvement de recul comme si, sur ce magnifique gâteau blanc, ils découvraient soudain une grosse mouche verte.

Je décidai *illico* de tenter de faire pénétrer l'adjectif « exquis » dans leurs intelligences qui de toute évidence l'ignoraient. Je me mis donc à mettre ce mot en situation à l'aide d'une petite histoire ; je pris ensuite des exemples de phrases qui en explicitaient le sens, j'appelai à l'aide des voisins lexicaux : « succulent », « savoureux », « délicieux »... Rien n'y fit ! Mes filles me regardaient à la fois étonnées et presque compatissantes comme persuadées de la vanité de mes efforts. Un des deux garçons m'interrompit d'une voix pleine d'assurance et teintée d'un léger défi : « Mais, dites, "eski", "eski", là, c'est un mot pour les filles ! »

J'ai encore le souvenir du malaise qui m'envahit en entendant ce que disait cet enfant et en voyant le regard de connivence virile qu'il échangeait avec son petit camarade. Ainsi donc, dès 6 ans, le monde se trouvait partagé entre ceux qui acceptaient de s'approprier les mots des autres : des mots certes plus rares mais par là même infiniment plus précis, et ceux qui, comme ces deux enfants, refusaient d'emblée et avec quelque mépris les mots venus d'ailleurs ; bons uniquement pour un monde étranger, étrange et... féminin. Des mots qu'ils considéraient avec autant d'inquiétude que de suspicion. Le monde rétréci dont ces petits garçons commençaient à construire les murs était celui où ne régneraient que les mots les plus fréquents et les plus flous ; en seraient chassés le « précis » comme le « précieux ». Un monde où « grave bon » supplanterait à tout coup « exquis » et « succulent ». Un monde nécessairement restreint où la proximité et la connivence auraient à compenser la vacuité des mots.

Le dégoût des mots s'installe très tôt, comme s'installe très tôt celui de l'articulation juste et précise de la pensée. Il importe donc que parents et enseignants donnent très tôt à leurs enfants, à leurs élèves, le goût des mots nouveaux. Il faut que le désir précocement développé de posséder ces mots jusqu'ici inconnus s'impose à la crainte du ridicule ; car c'est bien de cela qu'il s'agit : nos enfants souffrent d'une peur panique d'utiliser les mots qui risquent de les exclure du club de l'inculture et de la virilité mêlées. Utiliser « exquis » ou « succulent », c'est devenir ambigu et peu fréquentable. Dès l'âge de 2 ans, il convient donc, avec obstination et conviction, d'installer avec les enfants un rituel de transmission des mots : chacun d'eux venant enrichir un trésor sans cesse renouvelé, sans cesse sollicité où chaque apport nouveau est salué comme une chance nouvelle, où chaque entrée est accueillie avec jubilation et gratitude. Il faut créer très tôt cet amour des mots nouveaux, ce désir de la saveur lexicale singulière que l'on goûte parce qu'elle est singulière, parce qu'elle est rare, parce qu'elle nous vient d'un autre.

Si nos mots en arrivaient à ne plus laisser de trace sur nos propres enfants, qu'adviendrait-il alors du sens de nos vies ? Ces mots justes moins banals, seuls capables de transmettre l'essentiel, deviendraient comparables aux offrandes votives de quelque religion éteinte dont les derniers croyants ont disparu et dont les objets de culte prennent la poussière dans des cryptes désertes.

Un enfant n'apprend pas tout seul

Le délabrement de la médiation familiale que ne peuvent ou ne savent compenser les institutions éducatives a pour conséquence que bien des enfants dès leur plus jeune âge se trouvent en situation d'insécurité linguistique. Ils ont été des enfants mal entendus parce que peu écoutés, leurs questions tout au long de leur apprentissage étant restées le plus souvent sans réponse. Ils sont aussi les enfants d'un malentendu noué douloureusement avec le verbe et ses enjeux. Enfants mal entendus parce que leurs proches n'ont pas su ou pu les accompagner à la conquête du verbe ; enfants du malentendu parce qu'ils ont ignoré les droits magnifiques et les devoirs exigeants qu'impose l'usage juste de la langue à ceux qui le cultivent.

La disparition des grands-parents du cercle familial permanent constitue sans nul doute un élément négatif pour l'apprentissage de la langue orale puis de la langue écrite. J'ai ainsi la conviction qu'aujourd'hui l'obsolescence accélérée des mots est très certainement due au fait que les grands-parents ont moins qu'auparavant l'occasion de passer leurs mots plus anciens, mais combien riches, à leurs petits-enfants que les médias abreuvent par ailleurs de nouveautés lexicales transparentes et éphémères. L'écoute attentive du grand-père, la parole qu'adressait la grand-mère avec moins de hâte, plus de sérénité font aujourd'hui cruellement défaut à des enfants emportés par le flux incontrôlé d'une langue chaotique.

Les mères de famille – et c'est heureux – ont pris la place qui leur était due dans le monde économique et social. Mais qui est venu compenser la disparition de la médiation attentive d'une mère lors de l'apprentissage de la langue ? Ni un père donnant le plus souvent priorité à sa vie professionnelle, ni l'école qui n'est pas faite pour cela, ni une télévision « crétinisante ».

Le métier de parent est aujourd'hui de plus en plus difficile, de plus en plus exigeant. Il ne s'agit plus seulement d'imposer des principes moraux et éventuellement de donner l'exemple de leur mise en œuvre. Dans un monde périlleux où de faux prophètes, des gourous sectaires et des marchands d'illusions font à nos enfants des propositions dangereuses, il nous faut leur donner les moyens d'une résistance intellectuelle à toute épreuve. Exercer honorablement le métier de parent exige que l'on s'oublie soi-même, que l'on fasse taire ses propres frustrations, que l'on apaise ses propres ambitions pour offrir à ses enfants, au moyen d'un verbe dont on lui aura fait patiemment découvrir les enjeux, une relation au monde digne d'être construite. Être parent, c'est être conscient que la maîtrise de la langue conditionne le destin scolaire et le destin social de ses enfants ; c'est prêter aux conditions de son développement une attention sans faille faite d'autant de tendresse que de fermeté.

Chapitre II

Quand l'école prend le relais

L'école, oui, mais à quel âge ?

Il y a peu de temps, la maman d'un bébé d'une quinzaine de mois m'interrogea dans les termes suivants : « J'ai lu récemment un livre d'un auteur américain qui disait que les enfants surdoués apprenaient à lire très tôt ; dès l'âge de 2 ans, et certains avant. » Elle poursuivit, levant vers moi des yeux pleins d'espoir : « Est-ce que vous pensez qu'il faudrait que je commence à apprendre les lettres à Catherine... juste comme ça, pour voir... ? » Cette maman, par ailleurs aimante et attentive, encouragée par des articles et des livres sans réel fondement scientifique, avait fait le raisonnement suivant : « Puisque les surdoués apprennent à lire plus tôt que les autres, si j'apprends à lire très tôt à mon enfant, peut-être en révélerai-je ainsi la précocité intellectuelle que je soupçonne et espère. »

Aujourd'hui, le temps est à l'impatience ; aussitôt nés, il faut cultiver activement leurs jeunes intelligences, développer énergiquement leurs capacités logiques et attiser leurs appétits artistiques. Très tôt, il faut les précipiter dans des activités éducatives et culturelles afin de multiplier leurs chances de réussite et… parfois se dédouaner de ne pas leur consacrer toute l'attention et la disponibilité auxquelles ils ont droit. Impatience éducative et déficit de la médiation familiale sont sans doute à l'origine de la scolarisation de plus en plus précoce des enfants.

Une des mutations les plus importantes de notre société tient au fait que les familles sont amenées à confier beaucoup plus tôt qu'auparavant leurs enfants à d'autres. Il ne s'agit pas de le déplorer ; il est vain de regretter avec nostalgie l'heureux temps où tous les petits enfants bénéficiaient plus longtemps de la chaleur du foyer familial. La seule question qui mérite d'être posée est la suivante : comment assurer, à un moment crucial du développement d'un enfant, une qualité d'accueil et d'accompagnement qui lui donne les meilleures chances d'épanouissement ?

Parlons clair ! La conquête par les femmes des postes de responsabilités au plan professionnel, associatif et politique est sans aucun doute la meilleure chose qui pouvait arriver à notre société tout entière. Encore faut-il que cette émancipation soit accompagnée de mesures sociales telles qu'une mère ne soit pas déchirée entre des obligations professionnelles exigeantes et sa volonté de donner à son enfant le temps d'affection, d'écoute et de compréhension qu'elle sait indispensable. Nous, pères, maris ou compagnons, n'avons pas voulu ou su compenser la juste prise de responsabilités de nos compagnes ; dans la plupart des cas, nous n'avons rien, ou presque, changé à nos ambitions professionnelles et à nos habitudes de vie. Et, pour couronner le tout, les grands-parents, en bien meilleure forme qu'auparavant et beaucoup plus sollicités, sont moins disponibles et ne peuvent apporter à leurs petits-enfants cette présence rassurante et apaisante de la « génération d'avant ».

En bref, nous vivons une époque où la médiation familiale, pour les meilleures raisons du monde, s'affaiblit au moment où justement l'enfant en a le plus besoin. La question qui se pose alors est : qui prend le relais ? ou, en d'autres termes, *que fait-on des enfants de 2 ans ?*

Avant d'exprimer ma façon de penser sur l'accueil des enfants de 2 ans à l'école, je voudrais dire combien il m'apparaît injuste et scandaleux qu'une femme ne puisse pas conjuguer avec sérénité son travail et son rôle de mère. Au lieu d'avoir octroyé à tous les Français des loisirs supplémentaires à travers la loi limitant le temps de travail à trente-cinq heures, j'aurais aimé que l'on fît un effort significatif pour permettre aux mères (ou aux pères, d'ailleurs) de jeunes enfants de partager leur temps entre leur profession et l'éducation de leurs petits, et ce, avec l'assurance totale que ce partage ne nuirait en rien à l'avancement de leur carrière. On ne peut pas condamner un enfant de 2 ans à ne voir sa mère qu'une heure à peine par jour pendant la semaine ; on ne peut pas condamner une mère à laisser toute la journée son enfant à des gens qui n'auront que peu de temps à lui consacrer. Il est bien beau de parler de parité, mais, si cette juste cause n'est pas portée par des mesures qui garantissent aux femmes un équilibre serein entre maternité et responsabilité professionnelle, elle restera un simple mot d'ordre et cachera mal une très profonde injustice.

Lorsque l'école a décidé de « laisser venir à elle les petits enfants de 2 ans », elle n'avait ni les lieux ni surtout les femmes et les hommes capables d'accompagner les tout-petits dans leur développement linguistique, psychologique et affectif. Mais, il faut le reconnaître, elle a répondu légitimement à une demande sociale, urgente et forte, qu'aucun organisme ne prenait en charge. Encore eût-il fallu que les responsables de l'éducation nationale comprennent qu'ils endossaient là une responsabilité majeure et qu'il était extrêmement grave de prétendre « faire avec les moyens du bord ». Ils n'ont pas pris conscience – ou n'ont pas voulu prendre conscience – que la mission nouvelle que l'on assignait à l'école maternelle exigeait que l'on transformât en profondeur les lieux et les modalités d'accueil des tout-petits.

L'école maternelle constitue en effet le poste avancé de l'éducation et reçoit de plein fouet le choc de l'insécurité linguistique. C'est elle qui d'emblée a le devoir de donner sens au désordre et au tumulte du monde ; c'est elle qui veille à l'entrée de ce vaste champ de la signification dans lequel l'école de la République invite le jeune enfant à entrer de plus en plus tôt. Elle doit aujourd'hui ouvrir les premiers chemins à ceux qui ont un urgent besoin qu'on leur dévoile le sens de leur rapport au monde. Elle constitue pour bien des enfants la seule et parfois la dernière chance de nouer avec la langue de justes et saines relations.

Nous devons donc avoir pour l'école maternelle française une grande ambition : elle doit réhabiliter au plan sémiologique et culturel une part importante des enfants qui lui sont confiés et changer ainsi pour beaucoup leur destin scolaire. C'est bien pour cela qu'il nous faut affirmer avec force que l'école n'apporte pas actuellement une réponse satisfaisante et honorable à des enfants de 2 ans qui sont à un moment crucial de leur développement linguistique.

Comment peut-on en effet imaginer que trente enfants réunis dans une salle de 50 à 60 mètres carrés, confiés aux bons soins d'une institutrice qui n'a pas été formée pour cela, puissent trouver des conditions favorables à leur développement psychologique, linguistique et social ? L'école fournit ainsi une très mauvaise réponse à une vraie question posée par de profondes mutations sociales et d'importantes transformations de l'organisation familiale. On nous dira que certains enfants de 2 ans sont plus à l'abri dans une salle de classe que dans un milieu familial où les menacent indifférence ou maltraitance. Certes ! Mais l'école ne peut être qu'exceptionnellement et ponctuellement un lieu d'asile ; elle ne doit en aucune façon institutionnaliser cette fonction qui ne concerne d'ailleurs (et fort heureusement) qu'une toute petite minorité d'enfants.

Effectuée dans de telles conditions, la scolarisation généralisée des enfants de 2 ans présente de sérieux dangers, notamment en ce qui concerne le développement linguistique de ces enfants. Pour avancer sur le chemin de la maîtrise du langage, un enfant a absolument besoin qu'un adulte lui fasse progressivement découvrir ce que parler veut dire et comment s'approprier les outils du langage. Bienveillant et exigeant, le médiateur adulte analysera les échecs et les impasses, et les transformera en conquêtes nouvelles. Il fournira peu à peu les moyens linguistiques nécessaires (vocabulaire, syntaxe...) pour que le jeune enfant puisse élargir le cercle des gens à qui il s'adresse et le cercle des choses à dire. Or – et c'est là le danger de l'école à 2 ans – ces jeunes enfants, groupés à trente avec une adulte qui pare au plus pressé de leurs besoins élémentaires, sont condamnés à apprendre à parler avec leurs pairs. Leur apprentissage s'effectue principalement (six à huit heures par jour) avec d'autres enfants de 2 ans. On ne s'étonnera pas ensuite de l'insécurité linguistique dans laquelle sont certains enfants, et notamment ceux qui ne trouvent pas à la maison l'accompagnement attentif d'un adulte qui saura, lorsqu'il le faut, lui dire qu'il ne l'a pas compris mais qu'il existe des moyens linguistiques de se faire comprendre. Car l'école à 2 ans n'est pas la même pour tous : qu'y a-t-il de commun entre un petit enfant que sa mère dépose, la mort dans l'âme, à 7 heures et demie le matin pour le récupérer à 17 heures, et celui qui ne passe à l'école qu'une demi-journée de temps en temps ? C'est pour le premier que la proposition actuelle de l'école est terriblement insuffisante. Ni le calcul cynique qui pousse certains à vouloir compenser une baisse démographique par une scolarisation précoce, ni l'indignation légitime devant la détresse et les dangers courus par certains enfants ne justifient la création hâtive de cet espace éducatif de mauvaise qualité.

Il n'est évidemment nullement question de demander que l'on supprime brutalement l'accueil des enfants de 2 ans à l'école ; ce serait rendre encore plus difficile la situation des mères et surtout de celles qui ne disposent pas des moyens suffisants pour envisager d'autres formes de garde. L'imprévoyance et le manque de sensibilité sociale de nos décideurs politiques ont mis l'école en demeure d'apporter une réponse éducative massive aux besoins des enfants de 2 ans sans qu'on lui en donne véritablement les moyens et alors que ce n'est pas là sa véritable vocation. Alors, puisqu'elle est aujourd'hui la seule porte ouverte aux mères en mal de garde d'enfants, exigeons au moins que l'on traite convenablement ces petits enfants : des lieux spécifiquement construits et aménagés pour ces tout-petits ; un effectif qui ne doit en aucun cas dépasser huit enfants par adulte ; une formation appropriée donnée aux enseignants qui se dévoueront à cette mission. Parallèlement, créons des crèches en nombre suffisant ; proposons de vraies et justes mesures sociales pour permettre aux pères et aux mères de mieux accompagner les premières années de la vie de leurs enfants sans en payer le prix fort en matière de carrière professionnelle ; trouvons avec les communes une distribution complémentaire raisonnable entre temps éducatif et temps de garde. Et, surtout, surtout, que l'on ne nous parle pas du coût « insensé » de telles mesures ; toute allusion de cet ordre serait indigne quand le destin linguistique, culturel et social de nos enfants est en jeu.

Tous égaux devant la langue ?

On n'a pas accordé suffisamment d'attention au formidable bouleversement qu'a connu notre école durant ces quarante dernières années. Jusqu'en 1965, l'examen d'entrée en sixième n'ouvrait les portes du collège – et, pour quelques-uns, du lycée – qu'à moins du quart d'une classe d'âge. Certains entraient directement en classe de fin d'études conduisant au mythique certificat ; les autres étaient « présentés » à l'examen de sixième qui effectuait un tri sévère parmi les candidats.

En quarante ans, on est passé brutalement d'une situation où trois élèves sur quatre n'accédaient pas à l'enseignement secondaire à celle où les élèves y entrent aujourd'hui et y restent au moins cinq ans. On comprend bien qu'une telle révolution a profondément et brutalement transformé la composition sociale et culturelle d'une population scolaire dont la maîtrise de la langue d'enseignement et d'étude est devenue terriblement insuffisante.

Auparavant, la sélection était telle qu'on garantissait aux enseignants de leur « livrer » des classes sinon homogènes, du moins raisonnablement hétérogènes. Cette relative homogénéité n'était pas simplement d'ordre social ; elle tenait au fait que la majorité des élèves partageaient une certaine idée de la langue et de ses enjeux. L'école était alors considérée comme un lieu particulier ; on acceptait de s'y comporter linguistiquement de façon particulière. On agréait des règles, on suivait des rituels pas nécessairement par plaisir, mais sans exaspération.

En bref, les élèves entraient en petit nombre en sixième en possédant une langue orale et écrite à la hauteur des attentes des professeurs. Ajoutons à cela que l'exigence clairement affichée de l'examen de sixième imposait aux programmes de l'école primaire une très forte contrainte : on savait ce que l'on attendait du primaire en termes de connaissances et de savoir-faire linguistique. On y acquérait une culture partagée, certes assez stéréotypée et rigide, mais surtout on y parlait une langue qui n'était pas étrangère à celle que l'on utilisait à la maison ou dans la rue. C'est là un point essentiel : la langue de l'école et celle de l'extérieur étaient alors « compatibles ».

Lorsque s'est levée la barrière d'une sélection qui, reconnaissons-le, était injuste et cruelle s'est trouvé précipité dans un système, jusqu'alors soigneusement protégé, un nombre considérable d'enfants qui en étaient jusqu'ici écartés. Le filtre culturel et social a été retiré, et l'école s'est ainsi trouvée mise au défi d'instruire des enfants qui n'y étaient pas ou peu préparés. Ils disposaient d'un vocabulaire de plus en plus restreint ; la syntaxe qu'ils utilisaient était à des années-lumière de celle que les textes écrits leur imposaient ; ils n'étaient pour beaucoup capables ni d'argumenter ni d'expliquer et, en guise de repères culturels, ils n'avaient que l'éclairage glauque d'une télévision de plus en plus débile. Ces « nouveaux écoliers » ont posé, année après année, à un système scolaire figé, un problème linguistique dont la gravité n'a fait que croître jusqu'à menacer aujourd'hui son intégrité.

Lorsque a été prise la légitime décision d'ouvrir plus largement les portes de l'école à tous les enfants de ce pays a été pris en même temps l'engagement de les y recevoir tous, tels qu'ils étaient. Ceux issus de catégories sociales peu favorisées mais aussi, de plus en plus nombreux, ceux « venus d'ailleurs », en équilibre linguistique instable. Mais cela ne pouvait certainement pas se faire dans le cadre d'une école qui était conçue pour accueillir des privilégiés préalablement triés. Il aurait donc fallu que cette école se transformât en profondeur dans son organisation, sa pédagogie, la formation de ses maîtres et ses finalités professionnelles. Elle est en fait restée quasiment identique à elle-même. Si elle a réussi la massification de ses effectifs, elle a complètement raté sa démocratisation. On a voulu croire, et faire croire, que l'école avait le pouvoir de mettre à sa mesure ces élèves venus d'ailleurs sans changer sérieusement ses habitudes et ses moyens d'actions, et cela n'a évidemment pas marché. Le résultat a été la constitution de ghettos scolaires, l'ouverture de voies cachées de relégation et la tolérance des couloirs honteux de l'illettrisme qui traversent aujourd'hui notre école. Si une véritable faille culturelle fracture et pervertit notre école, c'est parce que, malgré discours et annonces faits par les ministres de droite et de gauche, la question de la maîtrise de la langue n'a jamais été sérieusement prise en compte, laissant face à face deux groupes farouchement antagonistes, persuadés chacun de détenir la bonne solution pédagogique et la juste ligne idéologique. Car, en l'occurrence, « pédagogie » et « idéologie » se mêlent jusqu'à la caricature. Le discours idéologique couvrant les insuffisances d'une démarche pédagogique simpliste ; l'affichage pédagogique servant de paravent à une pensée politique radicale et cynique.

D'un côté, nous trouvons ceux qui, tellement désireux de « sauver les lettres », sont prêts à laisser de côté un bon quart des élèves. Ceux-là ont l'absolue certitude que la force et la beauté naturelles des textes littéraires, la rigueur et la noblesse évidente de notre langue suffiront à entraîner l'adhésion de tous les élèves à la seule condition que l'on veille à rester « droit dans ses bottes linguistiques ». Fidélité absolue au patrimoine culturel, maintien sans faille des exigences formelles devraient suffire pour que tous entrent de bon ou de mauvais gré dans une culture et une langue scolaires que l'on pense immuables et convaincantes. Ce discours du *statu quo*, empreint d'une grande nostalgie, renvoie le plus souvent à une époque rêvée où l'école et les élèves parlaient peu ou prou le même langage. Ces nostalgiques ne se rendent pas compte qu'ils évoquent en fait un temps où la sélection était tellement sévère qu'on livrait aux enseignants des élèves préparés à faire docilement leur métier d'élèves. Ils ignorent superbement la transformation radicale, sociale et culturelle qu'a connue la population scolaire durant ces quarante dernières années. On ne peut cependant leur donner tort lorsqu'ils disent qu'il faut avoir la même ambition pour tous et qu'il serait scandaleux de priver certains des plus belles pages de notre patrimoine littéraire sous prétexte qu'ils n'en seraient pas capables ou... dignes. La vraie question est de savoir comment mettre en pratique cette juste ambition pour une population qui n'a pas les moyens linguistiques d'entrer dans les textes qu'on se doit cependant de lui proposer.

De l'autre côté, il y a ceux qui voudraient imposer à l'école une sorte de « révolution culturelle ». Ceux-là jetteraient volontiers à la mer la littérature classique, l'analyse grammaticale, l'apprentissage syllabique de la lecture et les règles de l'orthographe. Tout cela constitue à leurs yeux les instruments pervers qu'une école, uniquement soucieuse de reproduction sociale, impose afin de mettre en échec les enfants des classes les moins favorisées. Ils préfèrent donc les textes de rap à Victor Hugo, une médiocre « littérature de jeunesse » à Maupassant et à Primo Levi, le débat débridé à la rigueur de l'argumentation. En « modernisant » une éducation devenue pour eux poussiéreuse et rétrograde, ils espèrent ainsi ne pas pénaliser les moins préparés à affronter la culture scolaire traditionnelle. Mais certains prennent aussi le risque d'enfermer ceux-là même qu'ils veulent sauver dans le réduit des écrits dits « sociaux » ou « fonctionnels » – plans, tableaux, documents administratifs – en les privant des références culturelles qui donnent le goût du beau et du vrai. Ils s'aventurent même, dans un souci louable de communication, à utiliser le langage rétréci de leurs élèves sans se rendre compte qu'ils les précipitent ainsi dans le piège de l'insécurité linguistique.

La fracture culturelle et linguistique qui mine la force vive de notre école nous obligerait-elle à choisir entre ces deux camps qui, depuis des années, s'invectivent et s'accusent mutuellement d'être les fossoyeurs de l'éducation ? L'un comme l'autre sont en vérité peu soucieux de distribuer de façon plus équitable le pouvoir linguistique et culturel parmi tous les élèves que nous accueillons plus nombreux qu'auparavant, plus longtemps qu'auparavant. Il nous faut accepter que, pour un nombre croissant d'élèves, le goût de la langue et de la culture scolaire n'est aujourd'hui ni naturel ni spontané.

Faute d'avoir accepté le fait que seule une maîtrise suffisante de la langue orale et écrite permettrait aux élèves de nos écoles d'aller aussi loin qu'ils le peuvent et qu'ils le veulent, les responsables de l'éducation de ce pays en sont arrivés à croire – ou à faire croire – qu'il était possible de « décréter » d'en haut la démocratisation du système scolaire. Considérant que cette démocratisation consistait simplement à maintenir en vie scolaire le plus grand nombre d'élèves le plus longtemps possible, ils ont confondu longévité scolaire, et qualité et efficacité des enseignements. En établissant *a priori* des taux de succès élevés à des examens peu à peu dévalués, ils ont construit un « décor éducatif » présentable dont l'effritement laisse aujourd'hui apparaître des fissures inquiétantes. Cette illusion – ou cette supercherie – mine notre école de l'intérieur. Elle l'a contrainte à construire des voies cachées de relégation où l'on camoufle ceux qui lisent mal et écrivent encore plus mal. Elle l'a amenée à différer sans cesse les échéances d'une évaluation honnête des savoirs indispensables, renvoyant ainsi aux premières années de l'université la confrontation à un échec inéluctable. Cette école, gérée à la petite semaine, est aujourd'hui contrainte de se mentir à elle-même, de mentir à des élèves dont les frustrations sont d'autant plus insupportables que le constat de leurs insuffisances aura été déraisonnablement repoussé.

Insuffisance linguistique et exclusion culturelle

Cours de français dans un lycée professionnel à Paris en zone d'éducation prioritaire dite ZEP ; ce sigle signifie que l'on a rassemblé dans un même établissement des jeunes vivant la même insécurité linguistique et partageant la même absence de repères et de perspectives.

Sur les dix-huit élèves de 15 à 18 ans, seize sont – comme on le dit aujourd'hui – « issus de l'immigration ». Ils sont censés préparer des CAP aux intitulés bizarres qui font plus penser à des travaux de bricolage qu'à de véritables métiers : « poseur de moquette » ; « technicien de surface »... Dans cette classe règne une ambiance assez particulière : pas d'agressivité notable dirigée contre le professeur, pas de chahut organisé, pas d'altercations entre les élèves ; simplement l'impression que l'on n'est pas vraiment dans une salle de classe. On n'en reconnaît pas les rituels, on n'y distingue pas la position émergente de l'enseignant ; chacun vaque à ses occupations, noue des conversations dans un langage très éloigné du langage commun. Tout se passe comme si l'on était dans un lieu banal, sans vocation ni statut particuliers.

Une jeune femme s'extirpe de la foule bruyante et demande à chacun de s'asseoir et de faire silence. À ma grande stupéfaction, l'ordre, proféré sans insistance exagérée, est suivi d'effet. Certes, il faut bien dix minutes pour que les élèves regagnent leur place, mais cela se fait sinon avec bonne volonté, du moins avec une sorte de résignation condescendante.

Le professeur prend la parole dans un silence relatif : « Nous allons aujourd'hui lire un texte écrit par un écrivain qui s'appelle Stendhal ; il est tiré d'un roman qui s'appelle *Le Rouge et le Noir* ; on y parle d'amour, de guerre et de religion ; vous allez voir, cela va vous intéresser. C'est un jeune homme, pas très riche, qui est le précepteur – enfin, le professeur – des enfants d'une femme qui appartient à la bourgeoisie de province. C'est leur première rencontre. »

Certains élèves lui témoignent une attention polie, d'autres sont ailleurs.

Le professeur continue : « Je vous distribue le texte ; il n'est pas très long, vous le lisez et, ensuite, on en parle. »

Le texte est distribué, la plupart n'y jettent même pas un coup d'œil ; certains tentent une lecture laborieuse et marmonnante qui s'arrête très vite par désintérêt et lassitude.

« Allez, un peu de courage ! Ça n'est pas si difficile ! »

Un élève la regarde : « Mais madame, c'est pas pour nous ça ! Y a des mots, je les ai jamais entendus ! Et puis, c'est trop long, on finira jamais.

— Bon, écoutez ; vous savez ce qu'on va faire. Je vais vous le lire, d'accord ? et vous verrez, je suis sûre que vous allez aimer. »

Même silence résigné : « Si ça peut lui faire plaisir ! et puis ça ou autre chose ; puisqu'on est là... »

Le professeur lit le texte ; elle lit particulièrement bien ; faisant bien sentir les hésitations, les silences, les non-dits. De temps en temps, elle donne, sans interrompre indûment sa lecture, le sens d'un mot ou d'une expression un peu rares. Et les élèves écoutent ; du moins certains passages semblent retenir leur attention. Elle arrive au bout du texte, lève les yeux sur ses élèves. Elle attend, pleine d'espoir ; après un long silence, l'un d'eux se décide : « Dites-moi, madame, est-ce que vous croyez qu'il va la niquer ? »

Cette question est posée sans provocation particulière. Elle manifeste une interrogation sincère. Quand on y réfléchit, d'ailleurs, elle n'est pas dépourvue de pertinence. Le professeur est cependant un peu déstabilisé : « La question n'est pas là ! Comment avez-vous trouvé ce texte de Stendhal ? »

Un premier élève : « Bon, les meufs, c'est toujours pareil ! Elles savent jamais ce qu'elles veulent ; alors en plus quand elles sont mariées... » Un autre : « Et puis moi, ma cousine, elle était avec un keum qui avait des gosses. L'autre femme elle l'a attendu un jour et elle lui a éclaté la tête. » Le professeur a un mouvement de recul et se réfugie derrière son bureau. Un autre : « Et avec toutes les meufs qui attendent que ça, qu'est-ce qu'on en a à foutre d'aller chercher une qui est mariée. » Un autre encore : « Moi, ma sœur, elle est mariée, si je la chope avec un autre mec, ça va mal aller pour elle ! »

Et s'accumulent ainsi anecdotes et affirmations péremptoires jusqu'à ce que l'un des élèves décrète finalement avec une mâle assurance : « De toute façon, c'est toutes des putes ! »

Debout, appuyée sur son bureau, le professeur est en plein désarroi. Ses yeux écarquillés vont d'un élève à l'autre ; incapable d'endiguer le flot d'anecdotes et d'allégations qui l'ont submergée. Alors, comme on sonne la retraite, elle lâche : « Ça suffit, ça suffit ! Tout ça n'a rien à voir ! Prenez votre livre de français, page 43. On va faire... le schéma narratif. »

Le schéma narratif ! Le grand mot était lâché. Voici hissé le drapeau blanc de la reddition dès lors que la bataille pédagogique paraît irrémédiablement perdue. L'enseignante a dû renoncer à construire un pont au-dessus d'une faille linguistique et culturelle devenue si large et si profonde qu'elle a englouti ses ambitions de partage et de transmission. « Schéma narratif », « champ lexical », « anaphores et déictiques », ces concepts imprudemment empruntés à la linguistique et à la sémiotique littéraire constituent aujourd'hui des terrains hors culture, des refuges aseptisés où se diluent les incompatibilités culturelles. Ces caricatures d'analyses formelles qui dispensent de toute négociation délicate avec le texte sont pour des enseignants désemparés une planche d'ultime salut lorsque est abandonné tout espoir de compréhension partagée. Elles foisonnent dans les manuels de français, notamment ceux destinés à l'enseignement technique. On s'en délecte dans des IUFM incapables de former des maîtres à affronter les fractures linguistiques et culturelles. Elles manifestent le douloureux renoncement à tenter l'aventure – devenue trop risquée – de la compréhension collective. Celle qui convie des intelligences et des sensibilités singulières à se rassembler autour d'un texte en sachant qu'il est lui-même le fruit d'une intelligence et d'une sensibilité singulières.

Lorsqu'elle a fait la lecture collective du texte de Stendhal[1], notre professeur avait l'espoir que le texte resterait au centre de l'échange : on parlerait des personnages, on s'interrogerait sur leur relation naissante, leurs origines sociales respectives, leur différence d'âge et de statut, avant peut-être de souligner le trouble imperceptible que semblait éprouver madame de Rênal. On pourrait sans doute tolérer quelques impressions personnelles, quelques expériences évoquées dans la limite de la bienséance scolaire. Mais toutes ces légitimes aspirations furent emportées par le torrent des interprétations intimes qu'ont déversées des élèves qui n'appliquaient pas la même règle du jeu que leur professeur. Non pas par provocation, mais par ignorance et malentendu. On les a invités à comprendre et, pour leur faciliter la tâche, on leur a lu le texte qu'ils avaient des difficultés à lire eux-mêmes. Ils ont répondu à cette invitation avec la plus grande sincérité ; avec une excessive sincérité ! Comment leur faire reproche d'étaler, au travers d'anecdotes personnelles ou d'opinions radicales, leurs intimes expériences et leurs intimes convictions alors même que ce déballage intime est de règle dans tous les médias ?

1. Texte qui était au programme de la classe.

Comment exiger d'eux cette « pudeur scolaire » capable de contenir des intimités trop envahissantes alors qu'au-dehors l'impudeur et l'exhibitionnisme assurent notoriété et reconnaissance ? Comprendre, c'est y mettre du sien ; eh bien ! ils y ont mis du leur jusqu'à complètement effacer le texte et son auteur. Des années de scolarisation n'ont pas réussi à leur faire prendre conscience que l'école n'est pas un lieu où se conjuguent et s'affrontent des intimités débridées. Mais l'école ne peut pas non plus être une chambre froide à la porte de laquelle chacun dépose ce qui fait de lui un être singulier, riche et attachant. Le drame de cette histoire ordinaire des ghettos scolaires n'est pas tant que l'espoir pédagogique du professeur ait été déçu ; le drame, c'est bien que les élèves qui ont mis sur la table un peu et même beaucoup d'eux-mêmes aient dû être renvoyés au glacis du schéma narratif. Et, cependant, on comprend bien le désarroi de notre professeur. Assaillie de « confidences intimes », elle s'est trouvée contrainte de dire finalement à ses élèves : « Ce que vous êtes, je ne veux pas le savoir ! », ou, du moins : « Ce que vous êtes n'a pas sa place ici ! » Et on imagine sans peine, de l'autre côté de la fracture culturelle, la somme de frustrations accumulées année après année par des élèves qui, pour cause d'« incompatibilité culturelle », n'ont jamais pu frotter leur singularité aux textes et connaissances que l'école proposait. Et n'imaginez pas – comme pourrait vous le faire croire l'exemple que j'ai choisi – que ce malentendu tragique ne concerne que ceux qui, venant d'ailleurs, n'auraient pas pour notre littérature un goût et un élan naturels. De même que l'insécurité linguistique, le malentendu culturel concerne un nombre important d'élèves sans origines particulières avec qui l'on n'a pas réussi à *construire une culture scolaire à la fois vivante et ambitieuse : celle qui ne les nie pas et qui ne se renie pas*.

Pour que la rencontre linguistique et culturelle ne soit pas un lieu de malentendu et de renoncement, il faut qu'enseignants et parents s'échinent à établir une compatibilité linguistique et culturelle entre école et famille, et ce, dès le plus jeune âge. C'est en effet dès 4 ans que se joue le destin sémiologique des enfants. Le langage de certains, limité en moyens et en ambitions, est à cent lieues du langage écrit que les textes les obligeront à affronter. Il est indispensable que, très tôt, parents et enseignants s'efforcent de combler ce gouffre en les habituant à se frotter à la vraie langue écrite. En d'autres termes, il faut les familiariser peu à peu avec la « voix des textes ». Non ceux banals et sans goût d'une médiocre littérature de jeunesse, mais ceux qui conjuguent beauté de la langue et intérêt de l'histoire. Il faudra ainsi montrer que le rapport au texte écrit implique autant de liberté que de contraintes. Liberté de vivre le texte de façon personnelle, mais liberté qui s'exerce dans les limites imposées par les mots du texte. C'est dès le début que l'on doit faire comprendre que le texte constitue un partenaire avec lequel il faut négocier sa propre construction du sens. Un partenaire dont on doit respecter les injonctions linguistiques mais qui invite aussi l'auditeurlecteur à s'investir avec audace dans une représentation qui n'appartient qu'à lui.

L'apprentissage de la lecture

Lorsque l'on observe un bon lecteur en train de lire, son comportement nous paraît aussi naturel que s'il nageait ou s'il faisait du vélo. D'où la déduction un peu rapide qu'il suffit de mettre en enfant en situation de lire pour lui faire découvrir d'hypothèses en déductions les mécanismes du code écrit et qu'il naisse ainsi à la lecture avec autant de plaisir que d'efficacité. Cette conception de l'apprentissage de la lecture que l'on pourrait qualifier de « romantique » est aussi peu fondée scientifiquement que dangereuse au plan pédagogique. Il est important d'établir une distinction claire entre apprendre à lire et savoir lire : *le comportement du lecteur expert ne saurait nous fournir directement un modèle d'apprentissage.*

Lorsque l'on apprend à lire, il faut nécessairement découvrir comment fonctionne le code écrit et comprendre notamment le principe des mécanismes qui relient les unités graphiques et les unités phoniques de l'oral. Lorsque l'on sait lire, on maîtrise ces mécanismes avec une telle dextérité que l'on en oublierait presque son parcours – parfois laborieux – d'apprentissage. En fait, il faudra des situations de lecture particulièrement délicates pour que le lecteur ait recours de façon consciente et délibérée aux mécanismes jadis appris. C'est ainsi que, confronté à un mot peu fréquent, à une tournure inusitée ou archaïque, il sera obligé d'interroger la composition du mot, l'organisation de la phrase. On voit donc que la comparaison avec le vélo ou la natation n'a aucun fondement. On apprend à lire en élucidant consciemment les règles conventionnelles qui régissent le code écrit. Plus un enfant avance dans la maîtrise des mécanismes, plus les opérations de décodage s'automatisent et tendent à s'effectuer de façon inconsciente jusqu'à lui donner l'illusion que le sens jaillit du texte sans que l'on se donne même la peine de le construire.

En règle générale, les recherches font apparaître que les jeunes adultes en difficulté de lecture ont une capacité d'identification des mots très insuffisante ; sans être la seule cause de l'illettrisme, ce handicap en constitue une des composantes majeures et conduit un nombre important de jeunes adultes illettrés à inventer du sens sur une base très insuffisante d'indices conventionnels. Faute d'une identification des mots précise et complète, la lecture d'un texte est alors souvent approximative, sinon aléatoire. Lors de l'apprentissage de la lecture, il importe donc que l'on veille tout particulièrement à ce que tous les élèves apprennent à identifier les mots avec efficacité ; c'est-à-dire en alliant rapidité et précision. Identifier les mots n'a rien à voir avec un jeu de devinettes : il ne s'agit pas de supputer, de tâtonner, d'interroger le contexte dans lequel se trouve un mot pour identifier celui-ci. L'identité d'un mot n'est jamais de l'ordre du « peut-être ». On peut se tromper, on peut réussir, mais, dans l'un ou l'autre cas, c'est la maîtrise du code et non l'apport aléatoire du contexte qui conditionne la réussite ou l'échec.

Le français écrit est un système alphabétique ; cela signifie qu'entre les lettres et groupes de lettres et les sons qui leur correspondent il existe des relations de régularité qui permettent dans plus de 80 % des cas d'identifier le son que sous-tend chaque lettre ou groupe de lettres. En français, maîtriser les liens entre lettres et sons permet donc à l'élève de reconstituer l'image phonique du mot avec une grande sécurité. L'espagnol ou l'italien sont des langues encore plus simples puisque près de 95 % des lettres ont une correspondance claire avec un son. En revanche, l'anglais est moins transparent puisque plus de 40 % des graphies n'ont pas de relations prévisibles avec les sons. La « traduction » de lettres en sons donne, grâce à la nature alphabétique du français, la possibilité d'interroger son « dictionnaire mental oral » ; celui-là même qui permet à un enfant de 6 ans de comprendre les mots quand on lui parle.

Prenons un exemple : un enfant n'a encore jamais lu le mot « oranger » ; mais il a appris, parce qu'on le lui a enseigné, que chaque lettre ou groupe de lettres correspond respectivement à un son de la langue, et ce dans un ordre et une combinaison particuliers. Il va donc, pas à pas, construire l'image phonique du mot non pas pour « faire le bon bruit » correspondant à la combinaison graphique, mais parce que ce bruit reconstitué représente pour lui la clé d'accès autonome au sens. En effet, en découvrant sous les sept lettres d'« oranger » les sons /o.r.â.j.é/ dans leur arrangement syllabique, il va pouvoir interroger son « dictionnaire oral » afin d'obtenir le sens qui correspond à cette combinaison phonique. En d'autres termes, le « bruit du mot » ainsi reconstitué le conduit à s'adresser à ce dictionnaire mental (qui est celui qui lui permet de comprendre ce qu'on lui dit) et à lui demander : « Y a-t-il un abonné au numéro que je demande ? » Et, en réponse, lui sera fourni le sens du mot « oranger »... si bien sûr – et seulement si – ce dernier fait partie de son vocabulaire.

On comprend alors l'importance décisive de la quantité et de la qualité du vocabulaire qu'un enfant possède avant qu'il apprenne à lire. Certains enfants ne possèdent, en effet, qu'un nombre très restreint de mots souvent peu précis. Leurs dictionnaires mentaux leur répondront donc le plus souvent : « Il n'y a pas d'abonné au numéro que vous avez demandé. » Et, à force de ne pas recevoir de réponse à cette question, ces enfants, en mal de mots, risquent d'en déduire « qu'il n'y a jamais d'abonné » ; c'est-à-dire qu'il n'y a jamais de sens derrière l'image phonique qu'il a construite. Contrairement à ce que l'on a seriné aux instituteurs pendant trente ans, ce n'est donc pas le fait de déchiffrer qui est responsable d'une lecture dépourvue d'accès au sens, mais c'est le déficit du vocabulaire oral qui empêche l'enfant d'y accéder. La responsabilité de l'école maternelle est ainsi essentielle ; dès la petite section, elle doit, avec patience et obstination, s'attacher à nourrir le stock lexical des enfants, à travailler sur le sens des mots en contexte et hors contexte. C'est là que se gagne la bataille future de la lecture et non pas dans une approche anticipée, souvent globale, de la lecture qui risque de conduire certains enfants à une impasse.

Bien souvent, les méthodes de lecture tentent vainement de concilier l'inconciliable. Elles prétendent faire comprendre comment fonctionne le code écrit par la découverte de ses mécanismes et, en même temps, sur les mêmes supports, faire découvrir les finalités et les enjeux de la lecture. Il s'agit là d'un pari impossible, car chacun de ces deux objectifs complémentaires exige que l'on s'appuie sur des supports écrits de dimension et de nature très différentes. La découverte du principe alphabétique exige la manipulation de segments courts et spécifiquement choisis pour permettre de mettre en évidence les relations entre les graphies et les sons. La prise de conscience de la diversité des écrits et de leurs finalités individuelles et sociales demande au contraire des écrits riches, authentiques et socialement significatifs. Il n'est pas question de négliger l'un ou l'autre de ces deux objectifs : hors de question de négliger la découverte rigoureusement menée des relations grapho-phonologiques nécessaires à la compréhension du principe alphabétique ; hors de question de ne pas montrer à tous les élèves les magnifiques perspectives qu'ouvre une lecture maîtrisée. Or des textes trop brefs, insipides, sans aucune ambition sémantique et sans aucune signification sociale ne pourront révéler à un élève ce que c'est que lire ; des textes riches, variés, porteurs de sens, se prêteront fort mal à la mise en évidence des relations qui lient les lettres et groupes de lettres de l'écrit aux sons de l'oral.

Il paraît donc judicieux que, durant les premiers mois de l'apprentissage, ces deux objectifs et les démarches pédagogiques qui leur correspondent respectivement soient clairement distingués afin d'être poursuivis chacun avec une égale efficacité. Tant qu'un enfant n'aura pas acquis une réelle capacité de décodage, il faut multiplier la lecture par le maître de textes aussi riches et aussi variés que possible afin de lui dévoiler les promesses du savoir lire. Il faut, durant cette même période de découverte des mécanismes du code, qu'on limite les mots non décodables aux mots-outils (présentatifs et préposition) et à quelques mots très fréquents nécessaires pour que les premières phrases lues aient un tant soi peu de sens. Ces mots auront pour la plupart fait l'objet d'une première reconnaissance en maternelle.

Lorsque les élèves auront maîtrisé le principe alphabétique, lorsqu'ils auront ainsi acquis une progressive autonomie d'identification des mots, les deux démarches pourront alors se rejoindre et s'appuyer sur les mêmes supports écrits. Mais il faut considérer que tous les élèves ne maîtrisent pas au même rythme le principe alphabétique. C'est pourquoi l'enseignant devra être capable de juger pour chaque élève quel est le moment opportun pour l'inviter à lire de façon autonome phrases et petits textes. La maîtrise du principe alphabétique et sa progressive automatisation garantissant une construction du sens autonome et précise de textes plus variés et plus ambitieux.

Une dernière question reste à poser : est-ce que tout commence et est-ce que tout finit au cours préparatoire ? La réponse est non ! Cent fois non ! La bataille de la lecture se gagne aussi en amont et en aval du CP.

Beaucoup d'enfants arrivent aux portes de l'école déjà résignés à n'avoir aucune prise sur le monde, à ne revendiquer aucun pouvoir linguistique sur les autres ; ils ont déjà renoncé à la conquête collective du sens pour ne plus s'occuper que de se protéger individuellement d'un monde où les menaces de la parole leur paraissent l'emporter largement sur ses promesses. Ces enfants possèdent une langue orale très éloignée de la langue qu'ils vont rencontrer en apprenant à lire et à écrire. Ne craignons pas de le dire, ils parlent une langue étrangère à celle sur laquelle va reposer leur apprentissage de la lecture et de l'écriture. Il s'agit d'abord d'une pauvreté de vocabulaire, mais il s'agit aussi des structures mêmes de la langue, de sa syntaxe, de son système de temps, de ses articulations logiques... Le langage dont disposent certains élèves à la veille d'entrer au cours préparatoire est ainsi incompatible dans ses structures mêmes avec une entrée sans rupture dans le monde de l'écrit. Ne l'oublions pas, apprendre à lire n'est pas apprendre une langue nouvelle : c'est apprendre à coder différemment une langue que l'on connaît déjà. Si un enfant se trouve enfermé dans un usage quasi étranger à la langue commune, il se trouvera d'emblée coupé de la langue écrite et condamné à n'en jamais vraiment maîtriser l'usage. La priorité de l'école maternelle française est donc de donner à tous les enfants qui lui sont confiés une maîtrise de la langue qui leur permettra, une fois élucidés les mystères du code écrit, de retrouver sous le texte d'un autre leur propre langue, instrument essentiel d'une compréhension assumée. C'est en termes de maîtrise du langage que s'exprime une part importante des inégalités à l'entrée dans l'écrit. L'avenir de lecteur et, plus généralement, la réussite scolaire de bien des élèves dépendront donc de la capacité de notre école maternelle à poser les termes d'une relation plus lucide et plus confiante avec la langue orale et écrite.

Après le cours préparatoire, beaucoup reste à faire et l'on pourrait même dire que l'essentiel reste à faire. La population scolaire que nos écoles accueillent aujourd'hui est très différente de celle d'il y a quarante ans. On ne peut plus penser qu'une fois les mécanismes de la lecture acquis tous les élèves vont hardiment s'engager dans ce que l'on appelait « la lecture courante ». Beaucoup, privés d'une médiation familiale bienveillante et exigeante, ont *besoin que l'école leur apprenne à comprendre*. Beaucoup doivent prendre conscience que l'on ne lit pas de la même façon un énoncé de mathématiques et un conte merveilleux, car on n'en trouvera jamais la solution. Beaucoup doivent être accompagnés sur le chemin d'une lecture de plus en plus longue. Ce sont ces *capacités de polyvalence et d'endurance* que le collège va exiger de tous les élèves. Si l'on refuse que l'entrée au collège soit pour certains un jeu de massacre dans lequel chaque discipline dénoncera leur insuffisance, on doit dire avec force que l'apprentissage de la lecture ne peut se concevoir que dans la continuité.

Certes, le CP en constitue un maillon essentiel, mais c'est à l'école maternelle de « livrer » des enfants maîtrisant suffisamment la langue orale ; c'est au cycle 3 de les mener sur le chemin de la compréhension des textes de natures différentes ; c'est au collège de les initier à une lecture adaptée à chaque discipline.

Le respect de la langue maternelle

L'Histoire, et plus particulièrement l'histoire coloniale, a traité de façon très inégale les différentes langues du monde. Certaines ont ainsi confisqué à leur seul usage les cercles officiels de la communication, chassant du même coup d'autres langues de ces lieux de pouvoir. C'est par exemple le cas de l'espagnol qui domine les langues amérindiennes, c'est aussi le cas du français qui marginalise les langues africaines et les langues créoles, et tente maladroitement de concurrencer encore aujourd'hui l'arabe au Maghreb.

Tous ces instruments de communication minorés, que l'on nomme dialectes ou patois, sont en fait des langues qui ont manqué de chance. Elles partagent avec les langues dominantes les mêmes structures fondamentales et le même potentiel de communication, mais elles ont été longtemps – et sont encore – confinées à un usage de proximité et de connivence. Elles portent dans leur vocabulaire et même dans leurs structures syntaxiques les traces de l'ostracisme qu'elles ont subi.

Dans la plupart de nos anciennes colonies, l'indépendance est loin d'avoir établi un semblant d'équilibre entre les langues utilisées. Si j'osais, je dirais qu'elle a rendu la situation linguistique des citoyens de ces nouvelles nations encore plus difficile, et plus improbables encore les chances pour certains d'échapper à un destin d'exclusion et de misère. Les représentants de l'ancienne puissance coloniale et les nouveaux dirigeants ont ainsi fait assaut de faux-semblants et de démagogie. Les premiers se drapèrent dans l'idéal fallacieux d'une francophonie de parade, abandonnant à l'analphabétisme des peuples dont une minorité de plus en plus réduite parle aujourd'hui le français. Les seconds prétendirent, par un coup de baguette législative, conférer à une langue longtemps écartée des usages éducatifs, administratifs et juridiques la dimension de seule langue nationale. Les uns comme les autres ont totalement négligé le sort éducatif et culturel de peuples « coincés » entre une langue maternelle socialement marginalisée et une langue dominante restée inaccessible à beaucoup. Le résultat est aujourd'hui une faillite générale des systèmes éducatifs qui aggravent les inégalités sociales et qui engendrent des taux d'analphabétisme honteux : près de 60 % au Maroc, plus de 70 % en Afrique de l'Ouest, plus de 90 % en Haïti.

Haïti, 1970. Le jeune dictateur Jean-Claude Duvalier, cédant aux injonctions des organisations internationales, vient de signer un décret qui hisse le créole au rang de langue officielle d'éducation.

Me voici à « Kotdéfè » (Côtes-de-Fer), un petit bourg à plus de dix heures de la capitale. J'accompagne une équipe d'étudiants haïtiens venus expliquer le sens de la réforme scolaire et convaincre les paysans de la nécessité d'apprendre à lire et à écrire en créole. Un jeune étudiant d'une vingtaine d'années, juché sur une estrade, harangue les membres de la communauté rassemblés sur l'esplanade en terre battue au centre du village. Il leur parle de la langue de leurs ancêtres ; il leur rappelle que c'est dans cette langue qu'ils se sont révoltés et libérés de l'esclavage. Il leur dit sa beauté, sa chaleur, sa musique (il insiste beaucoup sur la musique particulière du créole). Il les exhorte à se rappeler que c'est en créole que la mère parle à son enfant et qu'il est donc juste que ce soit dans cette langue que les enfants d'Haïti apprennent à lire et à écrire.

À ses côtés, nous sommes tous transportés par ses fortes paroles. Nous mêlons nos voix à celles des paysans qui répondent en chœur aux questions, toutes rhétoriques, posées par notre ami : « Ki lang ki bon pou pitit-nou ? » (Quelle langue est bonne pour nos enfants ?). À quoi l'assemblée répond sur un rythme lent et cadencé : « Se lang manman-nou, se lang manman-nou » (C'est la langue de nos mères). J'étais persuadé de participer à l'un de ces moments privilégiés où un peuple redresse la tête et s'empare fièrement de son destin linguistique et... social.

C'est alors qu'au premier rang se lève une femme. Elle doit avoir 40 ans. Elle en paraît 60. Cinq enfants de 3 à 10 ans s'accrochent à sa jupe à fleurs qu'elle a revêtue pour recevoir les visiteurs de la capitale.

« Dis-moi, dit-elle en s'adressant en créole à l'orateur, toi qui parles si bien, n'es-tu pas Pradel Loficial, le fils du marchand de graines de “Kafoujanpol” (carrefour Jean-Paul) ?

— Oui, répond notre ami avec un grand sourire, c'est bien mon père. Toussaint Loficial.

— Eh bien, Pradel, je vais te raconter mon histoire ! Mon mari est mort l'an dernier. Il ne m'a laissé qu'un “jardin” (champ) pour nourrir mes cinq enfants. C'est du mil que je fais pousser. Je suis allée voir ton père pour avoir des semences. Avant de me les donner, il m'a fait signer un papier. La maladie s'est mise dans les plans et la récolte a été perdue. Alors, il est venu avec le chef de section et ils m'ont dit que la moitié de mon jardin leur appartenait désormais et que c'était écrit sur le papier. »

Je regarde le visage du jeune homme. Il se décompose à vue d'œil. Illuminé tout à l'heure par la foi et l'enthousiasme, il est devenu gris et hagard. Un silence lourd de gêne et de tension s'est installé. La femme poursuit : « Et tu sais, Pradel, en quelle langue était écrit ce papier ? Tu le sais ? C'est en français que c'était écrit ; pas dans la langue de ta mère ! Est-ce que tu crois, Pradel, que ton père écrira bientôt ses papiers en créole pour que mes enfants puissent les lire ? Est-ce que tu crois ça ? »

Ainsi parlait cette femme. Sans agressivité particulière, sans réelle indignation. Elle disait simplement l'injustice et l'exploitation. Pour elle, elle les acceptait comme une sorte de fatalité. Mais elle était debout pour demander que ses enfants aient un peu plus de chances d'y résister. Elle nous rappelait que c'était en français qu'elle avait été spoliée et que le créole, fût-il écrit, ne constituerait pas de sitôt une arme efficace. Elle pensait aussi sans doute qu'il était facile aux gens de la capitale de venir vendre « l'école en créole » alors que leurs propres enfants liraient et écriraient de toute façon en français.

À l'époque, je n'ai sans doute pas compris la leçon politique qu'elle nous donnait. Trop de certitudes, trop de contentement. Mais les paroles de cette femme ont fait leur chemin dans mon esprit. C'est à elle que je dois d'avoir réalisé que, au-delà des discours souvent démagogiques sur le respect systématique des identités linguistiques et culturelles, l'école devait mettre tout en œuvre pour distribuer de la façon la plus équitable le pouvoir linguistique : celui qui permet de se défendre contre la tromperie, les mensonges et la propagande.

C'est sans doute pourquoi je considère avec perplexité les gesticulations au sujet du statut des langues régionales et avec circonspection la demande de leur entrée dans l'école. Quelles transformations concrètes peut-on réellement attendre de l'entrée dans l'école du breton, du basque, du corse ou de l'occitan que bien peu des enfants parlent à leur arrivée à l'école ? L'avenir des élèves en sera-t-il changé ? Fort peu, si une telle décision n'est pas accompagnée par une transformation en profondeur de la communication publique. Une école qui prétend apprendre une langue régionale à des élèves, qui pour la plupart l'ignorent, pour l'utiliser ensuite comme outil d'enseignement prend un risque considérable car, au-dehors, journaux, tribunaux et administrations resteront les domaines exclusivement réservés à la langue française. Ce serait faire de l'école l'otage d'une revendication identitaire en négligeant le destin social et professionnel des élèves.

La situation linguistique reflète en effet la situation sociale ; inégalités pour inégalités, injustices pour injustices. Elles sont l'une comme l'autre le résultat d'une longue histoire au cours de laquelle des groupes ont imposé à d'autres un injuste pouvoir. *La situation linguistique ne peut changer que si se modifient de façon significative les rapports de force qui l'animent.* En aucun cas, un décret ou une circulaire n'aura le pouvoir d'effacer les inégalités que l'Histoire a instaurées entre les langues. C'est bien mal connaître les langues que de croire que l'on peut ainsi décréter leur officialisation du jour au lendemain. Une langue minorée ne peut évoluer qu'au rythme de l'histoire du peuple qui la parle. Elle ne développera de nouvelles formes orales, elle ne déploiera son écriture que si lui sont honnêtement proposés de nouveaux défis de communication. Une langue déteste qu'on lui concède un statut de papier qui ne correspondrait pas à de vrais territoires sociaux, culturels, économiques... qu'on l'invite sincèrement à conquérir. Alors, et alors seulement, elle créera les mots capables de dire ce monde jusque-là confisqué ; alors, et alors seulement, elle inventera les tournures et les structures capables de donner à ce monde nouvellement investi un sens qui sera nécessairement différent de celui imposé jusque-là par la langue dominante. Si l'on n'est pas capable de rééquilibrer sur le plan linguistique les structures sociales, économiques et culturelles, il faut se garder d'imposer ces langues minorées à des élèves qui ne les parlent pas. Cela relèverait de la supercherie ; car l'école est le lieu où l'on forme intellectuellement des enfants à affronter le vrai monde, on ne les y prépare pas à évoluer dans un décor folklorique de carton-pâte.

Mais faut-il pour autant obliger des enfants à apprendre à lire et à écrire dans une langue qu'ils ne parlent pas, les condamnant ainsi à l'analphabétisme ? Autant je dénoncerais le caractère démagogique d'une école en breton ou en occitan, autant je trouve intolérable la situation du petit Sénégalais ne parlant que serrer ou wolof et que l'école accueille (si l'on peut dire) en français, ou celle du petit Marocain dont la seule langue de communication est le berbère ou l'arabe dialectal et auquel l'école impose brutalement l'arabe classique. Regardons de plus près le cas du Maroc. L'école marocaine est minée par un problème majeur : il existe un abîme entre la langue maternelle que parle le petit Marocain à son arrivée à l'école et la langue dans laquelle il va apprendre à lire et à écrire. Cette situation condamne une part importante des élèves à n'avoir aucune sécurité linguistique, ni à l'oral ni à l'écrit, dans quelque langue que ce soit. Ils sont en insécurité linguistique généralisée.

Deux obstacles se dressent sur le chemin qu'emprunte le petit écolier marocain. Le premier est l'écart qui existe entre l'arabe dit dialectal et l'arabe classique. L'une et l'autre langues manifestent des différences suffisamment importantes dans leurs structures syntaxiques et morphologiques pour que la communication soit difficile, voire carrément impossible. On comprend alors combien il est illusoire d'espérer obtenir une maîtrise de la lecture et de l'écriture en arabe classique sur la base d'un arabe oral très inégalement maîtrisé. Si bien que de nombreux enfants aborderont la lecture et l'écriture en arabe classique comme une langue étrangère à celle qu'ils utilisent à l'oral. Comment imaginer alors qu'ils deviendront des lecteurs responsables tandis que les mots écrits qu'ils ont à découvrir n'ont rien de commun avec ceux dont ils se servent quotidiennement pour dire le monde ? Si l'on veut sortir du piège, il conviendra de proposer à tous les élèves de l'école publique marocaine la maîtrise réelle d'un arabe moderne, structuré et efficace tel que celui qui, à l'écrit comme à l'oral, est en voie de constitution dans certains organes de presse et certains médias.

Le second obstacle tient à l'écart entre les parlers berbères et l'arabe. La question qui se trouve ici posée est de même nature. Les enfants qui arrivent à l'école en ne parlant que le berbère utilisent un système linguistique qui, sur le plan phonologique, syntaxique et rhétorique, ne présente aucune analogie avec celui de l'arabe. C'est là, il faut le dire, une langue étrangère au plan des structures linguistiques. Or nous savons bien que tenter d'apprendre à lire et à écrire à un enfant dans une langue qu'il ne parle pas est une promesse d'échec. Ce constat devrait avoir deux conséquences : la première est la nécessité, au début de la scolarité, d'utiliser le berbère pour communiquer en classe avec ces élèves. La seconde est la nécessité de commencer à apprendre à lire et à écrire dans cette langue afin que l'entrée dans l'écrit se fasse sans rupture. L'apprentissage de la lecture et de l'écriture en arabe classique et en français s'en trouvera par la suite considérablement facilité. Car, ne l'oublions pas ! *on ne peut construire l'apprentissage d'une langue nouvelle sur les ruines de sa langue maternelle.*

Disons-le clairement : lorsqu'un enfant arrive aux portes de l'école, le devoir de cette école est de l'accueillir dans la langue qu'il parle et de lui apprendre à lire et à écrire dans la langue dont il possède la maîtrise. Cela vaut pour nos anciennes colonies minées par un déséquilibre linguistique fatal à leur système éducatif ; cela vaut aussi pour un enfant venu d'ailleurs que l'école de la République s'honore d'éduquer. Une fois définitivement posée l'absolue nécessité de prendre en compte la langue maternelle d'un enfant, il faut dire de façon tout aussi forte que cet enfant a droit à la maîtrise de l'outil linguistique qui lui donnera le plus de chance de se faire une place honorable dans la société dans laquelle il vit. Les choix linguistiques faits par un système éducatif ne sont pas de l'ordre du symbole identitaire ; ils sont au service à la fois de l'épanouissement de l'enfant et de ses perspectives réelles d'insertion sociale.

Échec linguistique et échec scolaire

Pour échapper à toute mise en cause sérieuse, il a longtemps suffi que l'école fût chargée de deux missions que la nation jugeait nécessaires : d'une part apprendre à lire, écrire et compter, d'autre part faire acquérir un ensemble de connaissances qui assuraient les bases d'une culture commune. La communauté des parents et celle des élèves acceptaient sur ces seules promesses la nécessité d'un séjour scolaire de durée variable dont elle ne questionnait ni l'utilité sociale ni la valeur pédagogique. L'école n'était certes pas exemptée des critiques, qu'elles fussent de nature politique ou pédagogique : certains l'accusaient – avec quelques raisons – d'être un instrument de reproduction sociale servant docilement les intérêts des classes favorisées ; d'autres lui reprochaient son conservatisme pédagogique et sa réticence à s'ouvrir sur le monde. Cependant, il suffisait d'afficher quelques exemples d'ascensions sociales exceptionnelles pour que les parents espérassent que leurs rejetons seraient du prochain voyage. Il suffisait d'un brin de séduction et d'une bonne dose d'autorité pour que les élèves fussent suffisamment motivés. On peut, bien sûr, regretter ce temps heureux et rêver avec mélancolie à un espace scolaire préservé des critiques, à l'abri des affrontements, échappant aux clivages culturels et religieux. Cette évocation nostalgique du « paradis perdu laïque » est vaine. Il nous faut accepter le fait que l'école a perdu son immunité. Son image est devenue floue, ses finalités obscures, son fonctionnement suspect.

Aucune réponse courageuse et claire n'a été apportée aux mutations linguistiques, culturelles et sociales qui ont ébranlé et secouent encore cette institution : confrontée à l'allongement du séjour scolaire, elle a préféré l'empilement répétitif à la conquête progressive du sens ; confrontée à la disparition des barrières de sélection, elle a laissé se former en son sein des couloirs honteux d'exclusion ; confrontée à des situations de classe très complexes, elle a accentué le caractère universitaire de la formation des maîtres ; confrontée au danger des intégrismes, elle n'a pas voulu choisir entre laïcité et œcuménisme ; confrontée à la violence, elle a tenté de lui opposer de dérisoires séquences d'éducation civique ; confrontée enfin à l'insécurité linguistique de ses élèves, elle a répondu par la démagogie au lieu de veiller à ce que chacun des enfants qui lui sont confiés ait droit à une part significative du pouvoir linguistique.

C'est notamment en ce domaine, qui conditionne tout le reste, que l'école a échoué ; elle n'a pas su allier le respect et l'exigence. Face à la réduction du langage des élèves, elle a proposé deux réponses aussi stupides l'une que l'autre : tantôt elle a tenté d'imposer une normalisation aveugle au nom de la pureté de la langue ; tantôt elle a cédé à un laxisme coupable au nom du droit de chacun à disposer librement de son langage. Les uns prônent l'usage d'une langue scolaire, normée et immuable au risque de stigmatiser et d'exclure ; les autres clament que tous les langages sont égaux au risque de tolérer une cacophonie toujours fatale aux mêmes élèves.

Balançant ainsi entre réaction et démagogie, l'enseignement de la langue laisse sur le bord du chemin de l'école un sur dix de nos enfants. Et que l'on ne vienne pas nous dire que, faute d'être doués en français, ils seront bons en maths, en biologie ou en... informatique. Non ! Ils ne seront bons en rien car privés de la capacité de mettre leurs propres mots sur le savoir des autres. Et que l'on ne vienne pas nous dire que, faute de devenir enseignants ou cadres supérieurs, ils feront de bons plombiers ou d'habiles mécaniciens ; peu de chances ! Il n'existe pas aujourd'hui de métier si « manuel » soit-il qui n'exige de solides capacités de lecture et d'écriture. Après un séjour scolaire de douze à quatorze ans dont ils n'auront rien tiré, ils seront livrés à un monde dangereux dans lequel ils ne sauront pas réfuter les explications simplistes et radicales de nature sectaire et discriminatoire. Passer douze à quatorze ans dans les murs de l'école de la République et n'avoir même pas la possibilité de se défendre intellectuellement face au premier faux prophète venu, telle est la proposition indécente que l'on fait à 10 % des élèves. Échec scolaire, échec professionnel, échec civique, voilà ce que promet l'absence de véritable pouvoir linguistique.

Le véritable courage politique serait de reconnaître que certains enfants arrivent aux portes de l'école avec un comportement de langage incompatible avec une scolarisation normale. Ni autistes, ni aphasiques, ni malentendants, de famille francophone pour la plupart, ce sont des enfants silencieux pour qui parler constitue une prise de risque qu'ils jugent inutile. Ce sont des enfants qui ne parlent qu'à vue et que la distance et l'absence découragent. Ces enfants ont besoin d'être accompagnés patiemment et longuement, main dans la main, pour enfin découvrir les finalités et les mécanismes du langage. Ne leur conviennent ni traitement médical ni classe-ghetto ; on leur doit une médiation attentive, éclairée et exigeante qui, seule, peut compenser un apprentissage familial effectué dans le silence, l'indifférence et parfois la violence. Une telle démarche sera coûteuse, bousculera bien des habitudes et ne promet aucun bénéfice d'image à court terme. Autant dire qu'elle a tout pour déplaire. Elle est pourtant la seule à pouvoir donner un peu de sens au terme devenu suspect de démocratisation de l'école. Si l'on y renonce, alors il faut avoir le courage de reconnaître que l'école de la République est contrainte – à regret, bien sûr – de sacrifier sur l'autel de l'impuissance linguistique le destin scolaire et social d'au moins un enfant sur dix.

Chapitre III

Quand les mots viennent à manquer

Parler beau n'est pas parler juste

Lorsqu'on analyse la façon dont un enfant ou un adulte s'exprime, on doit séparer très soigneusement le « beau » du « juste », le « pur » du « pertinent ». Un beau discours n'offre en effet aucune garantie d'efficacité ; un texte parfaitement normé n'assure pas transparence et clarté. Cela ne veut pas dire que la beauté d'un discours ou d'un texte n'a aucune importance ; cela ne signifie aucunement que l'on peut faire bon marché de l'observance des règles qui régissent le fonctionnement de la langue. Loin de là ! Mais la beauté et la pureté du langage ne garantissent pas une communication réussie.

Écoutons cet homme politique connu pour ses qualités d'orateur et pour son attachement à notre belle langue.

« Mes chers compatriotes, il n'est pire reniement que de fermer les yeux sur les dangers les plus graves qui menacent, à l'intérieur comme à l'extérieur, la cohésion et plus encore l'intégrité et le dynamisme d'une nation à laquelle nous attachent, depuis des siècles et des siècles, nos traditions, nos croyances, nos espoirs. Serpents silencieux, lovés dans l'ombre inquiétante de profondes antichambres, loups hurlants venus dévorer les forces vives de notre patrimoine, vautours menaçants prêts à fondre sur le cœur même de notre culture, contre eux, je vous appelle à faire résistance, à refuser de livrer notre âme... » En lisant ce discours, on imagine plutôt un homme d'extrême droite, bave aux lèvres, aux limites de l'apoplexie, vitupérant contre les traîtres cosmopolites de l'intérieur et les hordes de migrants envahisseurs. Il n'en est rien ! Il s'agit en fait d'un sénateur socialiste très fréquentable qui, en 1972, ameutait l'opinion contre les dangers des mots étrangers et plus particulièrement des anglicismes qui dénaturaient la langue française. Six minutes et demie de discours avant qu'enfin une phrase vienne éclairer l'objet du discours ! « Notre langue est en danger, et, quand la langue française est en danger, il faut, mes chers compatriotes, des mesures de salut public. » Ce tribun a pu ainsi, durant plus de six minutes, faire assaut de métaphores, manier l'hyperbole et l'allégorie, utiliser toute la panoplie des formes oratoires sans pour autant dévoiler la finalité réelle de cet énorme déploiement de moyens linguistiques. Peut-on rêver meilleur exemple d'un discours orné et normé qui, en prétendant défendre la cause de la langue, la destitue de sa fonction de communication ?

Parler juste ne saurait se résumer à étaler systématiquement tout son attirail linguistique pour en montrer la richesse, la rutilance et la conformité aux normes établies ; mais ce n'est pas non plus utiliser des mots passe-partout, des structures grammaticales imprécises et des liaisons discursives relâchées alors que la situation dans laquelle on officie exige rigueur et précision. Si la prodigalité gratuite n'assure pas le succès d'un acte de communication, la pénurie ne le garantit en aucune façon. Seul vaut l'*ajustement* pertinent des moyens dont nous disposons aux attentes d'un auditeur particulier et aux exigences d'une situation particulière. Le juste usage de la langue est donc celui qui s'appuie sur une évaluation des attentes et des besoins de l'autre, évalue avec précision le thème et le propos du message, et mobilise en conséquence les moyens linguistiques nécessaires : « De quoi ou de qui ai-je l'intention de parler ? » ; « Que vais-je en dire ? » ; « Qui est celui à qui je destine mon message ? » ; « Que sait-il de mes intentions et de moi-même ? » ; « Que sait-il du sujet de ma communication ? » ; telles sont les questions indispensables que doit se poser tout locuteur ou tout scripteur responsable. Peser soigneusement ce que mon interlocuteur est censé savoir, donner suffisamment d'informations mais pas trop, voilà ce qui conditionne la pertinence d'un propos.

Des mots trop flous pour dire le monde

Si l'abondance de mots et de phrases ne garantit pas toujours l'efficacité de la communication, leur pénurie et leur imprécision constituent souvent une promesse d'échec. Les mots ne pèsent pas tous le même poids ; c'est-à-dire qu'ils ne portent pas la même charge d'information. Certains, par leur seule apparition, vous conduisent tout droit à un sens précis et unique, d'autres au contraire laissent planer le doute.

Les mécanismes qui régissent l'évolution de la forme et du sens des mots sont assez simples à décrire. Il s'agit tout simplement de ce que l'on appelle « l'économie linguistique ». Le terme « économie » ne signifiant pas ici « faire des économies », mais ajuster ses dépenses linguistiques à une situation spécifique de communication. Trois facteurs sont en interdépendance : *l'information*, que l'on peut quantifier en fonction du nombre des sens possibles qu'élimine l'apparition d'un mot ; *la fréquence*, c'est-à-dire le nombre de contextes différents dans lesquels un mot peut être utilisé ; *le coût*, que l'on peut rapprocher du nombre de syllabes qui composent un mot. Les relations entre ces trois facteurs définissent l'évolution d'un mot. Ainsi, plus la fréquence est élevée, plus l'information du mot est faible puisque ce mot, traînant dans un nombre élevé de contextes, amasse un nombre important de significations et donc d'ambiguïtés possibles. Mais, dès l'instant où ce mot perd de sa force informative, pourquoi diable consentirions-nous un effort de production devenu disproportionné avec ce que l'on peut en attendre en termes d'information ? On va donc restreindre les « coûts de production ». En bref, *le coût est proportionnel à l'information qui, elle, est inversement proportionnelle à la fréquence.*

Prisu et Prisunic, philo et philosophie, stylo et stylographe, ciné, cinéma et cinématographe, géo et géographie, métro et chemin de fer métropolitain, extra et extraordinaire, et beaucoup d'autres couples encore, montrent – ou plutôt semblent montrer – que les mots d'une langue s'usent à mesure que l'on s'en sert. Mais, en fait, ils ne s'usent pas de la façon dont s'usent les voitures et les machines à laver. Les mots ne subissent pas une usure automatique qui les conduirait à une inéluctable disparition. Leur forme initiale peut coexister d'ailleurs avec la forme usagée : alors que « ciné » et « cinéma » sont le plus fréquemment utilisés, « cinématographe » ne disparaît pas pour autant et reste disponible pour que nous puissions dire « c'était le temps du cinématographe » ou « Lumière inventa le cinématographe le 28 décembre 1895 ». Les mots ne s'érodent pas « bêtement » à l'usage, ils s'adaptent. Plus leur fréquence augmente, plus leur information diminue, et plus ils raccourcissent. L'acception de « cinématographe » s'est élargie : elle a désigné un lieu, un art... La forme du mot a alors changé :

« cinéma », « ciné ». S'ils changent dans leur forme et dans leur sens, c'est parce que les hommes qui les utilisent jugent collectivement qu'ils peuvent et qu'ils doivent changer pour le meilleur fonctionnement de leur langue.

Il y a ainsi dans notre vocabulaire des mots plus lourds que d'autres ; par exemple, « morigéner » est plus « lourd » que « gronder » : plus lourd de forme mais aussi plus lourd en information. En ce qui concerne la forme, il suffit de comparer le nombre de syllabes respectif de chacun de ces deux mots pour se rendre compte que les quatre syllabes de mo-ri-gé-ner pèsent plus lourd que les deux seules de gron-der. Pour ce qui est de l'information respectivement apportée par l'un et l'autre, la comparaison est éclairante.

« L'orage gronde », « la menace gronde », « la révolte gronde », « le volcan gronde », de même que le père courroucé gronde son enfant ou le maître un élève dissipé. Utilisé avec ou bien sans complément d'objet direct, le verbe « gronder » possède un éventail d'utilisations infiniment plus étendu que le verbe « morigéner » ; seul un être humain peut morigéner un autre être humain, et le type de comportement évoqué par ce verbe varie fort peu. « Gronder » apparaît donc dans un nombre de contextes beaucoup plus large que « morigéner » ; dans chacun d'eux, il a une signification sensiblement différente de celle qu'il aura dans les autres. Alors, me direz-vous : « Puisque "gronder" a une gamme de sens plus étendue, il est donc plus lourd en information que "morigéner". » Eh bien, non ! C'est exactement le contraire : le verbe

« gronder » apporte en réalité beaucoup moins d'information que « morigéner ». On mesure en effet l'information que propose un mot à sa capacité propre à laisser planer le moins de doute possible sur sa signification. Un mot se pèse à l'aune de sa précision ; un mot est d'autant plus précis que la seule force de sa présence dans quelque phrase que ce soit conduit l'auditeur ou le lecteur au nombre le plus réduit de significations possible.

La variété du lexique d'une langue doit permettre à ceux qui la maîtrisent de conjuguer avec bonheur la précision et l'imprécision, la netteté et le flou, la directivité et la permissivité. Il faut en effet, lorsque l'on parle ou lorsque l'on écrit à l'autre, savoir harmoniser avec soin ces contraires : à la fois livrer, par la précision de certains mots, les clés de sa pensée profonde ; mais aussi jouer sur le sens plus large d'autres mots afin d'accorder à notre interlocuteur suffisamment d'espace de liberté.

Certains enfants ont eu la chance qu'on leur ait donné le goût du mot juste, l'appétit de l'ajustement ; d'autres ont dû se réfugier dans le flou et le banal pour ne pas s'exposer, pour ne pas se dévoiler à un monde qu'ils sentaient hostile et dangereux. L'imprécision systématique des mots, lorsqu'elle est subie, va de pair avec l'insécurité linguistique et sociale ; elle constitue la cellule étroite de ceux à qui l'on n'a pas transmis l'ambition d'élargir le cercle des choses à dire et celui de ceux à qui on les dit.

Du ghetto à l'impuissance linguistique

Depuis plus de trente ans, nous avons accepté – et parfois aveuglément encouragé – le regroupement dans des lieux enclavés de populations qui avaient en commun d'être pauvres et pour la plupart de venir d'un ailleurs estompé et confus. Elles se sont rassemblées sur ces territoires de plus en plus isolés non pas parce qu'elles partageaient un héritage explicite en termes culturel et historique, mais au contraire parce que, année après année, elles savaient de moins en moins qui elles étaient, d'où elles venaient et où elles allaient.

Ces cités, socialement abandonnées, sont devenues des ghettos dans lesquels les liens sociaux sont en fait très relâchés et la solidarité quasi inexistante. Il faut bien reconnaître que ce système d'intégration dont, nous Français, sommes si fiers a engendré des lieux honteux de repliement et de relégation.

Dans ces lieux confinés, bien des jeunes adultes de langue maternelle française vivent en situation d'impuissance linguistique. Pour la plupart d'entre eux, le langage qu'ils utilisent a été forgé dans un milieu restreint, souvent indifférent, parfois hostile. De ce fait, ils ne se sont pas dotés (comment et pourquoi l'auraient-ils fait ?) de moyens propres à véhiculer le sens au-delà du trivial ou de l'invective. Confiné dans un espace réduit, rarement sollicité pour transmettre ou recevoir des informations extérieures à un univers rétréci, c'est un langage aux moyens terriblement limités dont disposent certains citoyens français : un vocabulaire restreint ; un usage des marques grammaticales approximatif ; une difficulté douloureuse à organiser chronologiquement et logiquement les parties de leurs discours. Ce langage affaibli ne supporte que la proximité, fuit avec effroi et ressentiment toute sollicitation à fonctionner au large. Il interdit de ce fait les portes de l'écrit à ceux qui sont incapables d'affronter, à l'oral, la distance et l'imprévisible. Il fait des textes un monde à part, étranger et inaccessible.

Cette impuissance linguistique n'est en aucun cas le résultat d'un choix culturel ou communautaire ; elle est *la conséquence d'une exclusion et d'une marginalisation subies*. Elle ne saurait donc pas être considérée comme le fondement d'une identité culturelle dont elle constituerait, pour certains groupes sociaux, le ciment et l'emblème. Et, pourtant, nombreux sont ceux qui en soulignent le dynamisme, la créativité et la valeur identitaire en feignant d'ignorer l'enfermement auquel cette insécurité condamne ceux qui la subissent. Ces bons apôtres, de droite ou de gauche, qui refusent d'analyser les enjeux politiques et sociaux du langage, se laissent séduire par l'écume d'une parole dont le pittoresque cache bien mal l'inquiétante approximation. Ils clament à qui veut l'entendre que tous les langages sont égaux alors que certains livrent les clés du monde et que d'autres ferment les portes du ghetto.

Si l'on veut éviter la démagogie facile comme le purisme méprisant, il faut questionner deux des arguments les plus fréquemment utilisés pour cacher le fossé qui sépare ceux qui possèdent le pouvoir linguistique de ceux qui en sont privés. Le premier soutient que toute innovation, quelle qu'elle soit, apporte « naturellement » au langage puissance et force nouvelles. Le second prétend que toute création, quelle qu'elle soit, enrichit un trésor linguistique commun dans lequel chacun est censé pouvoir puiser à sa guise.

Questionnons tout d'abord la puissance d'information de certaines de ces innovations linguistiques. Si trop de précision risque d'enfermer un discours dans un cercle étroit d'initiés, trop d'imprécision dilue à coup sûr l'intention même de communication. L'efficacité d'un message tient en effet à l'équilibre qu'il manifeste entre la ferme volonté d'écarter les risques d'ambiguïté et le souci de permettre à l'autre de l'interpréter à sa façon. Mais certains groupes sociaux, parmi les plus défavorisés, n'ont d'autre choix que celui de l'imprécision. Ils disposent d'un vocabulaire flou et ambigu dont la plupart des mots recouvrent chacun un champ de signification démesuré : tout peut être « *cool* », tout peut être « niqué » ; tout peut être « trop » ; tout peut être « craint »... Une bonne partie de ces mots nouveaux peuvent ainsi se mettre à toutes les sauces contextuelles ; ils s'appliquent docilement à n'importe quelle situation. L'étendue de leur signification est tellement vaste que leur pouvoir d'information tend vers zéro car, si tout peut être « grave », rien ne l'est vraiment. Ces mots « nouveaux » sont souvent presque vides d'information et exigent pour avoir un sens une relation d'étroite proximité et d'extrême connivence entre ceux qui les utilisent. Mots de la communion plutôt que mots de la communication, ils condamnent ceux dont ils constituent l'essentiel du vocabulaire à renoncer à imposer leur propre pensée à l'intelligence des autres.

Examinons à présent l'image d'un trésor linguistique sans cesse renouvelé et disponible pour tous. Cette vision est celle des faiseurs de dictionnaires et de grammaires à la mode qui voudraient nous faire croire à un trésor de la langue française constamment enrichi et équitablement redistribué. La réalité, c'est que la langue française s'incarne aujourd'hui dans le langage d'hommes et de femmes dont les pouvoirs linguistiques respectifs sont devenus tellement inégaux que la notion même de communauté nationale risque de se retrouver gravement mise en cause. Dans ce contexte de *communication inégale,* l'enrichissement produit par la création de nouveaux mots et de nouvelles structures se fait le plus souvent au seul profit de ceux qui, possédant déjà un vocabulaire varié, une syntaxe précise, vont alors donner à leur langage un petit coup de jeunesse et de modernité. Nos propres enfants, que l'on a pris soin de doter d'armes linguistiques « tout terrain », peuvent sans risque enrichir leur panoplie linguistique de quelques « perles de banlieues ». Nous-mêmes oserons parfois ponctuer nos discours parfaitement standardisés de quelques « audaces verlanesques » du plus bel effet, encouragés en cela par des médias soucieux de se donner une image jeune et dynamique. Les « nantis du langage » s'encanaillent linguistiquement sans risque et avec la meilleure conscience du monde. Mais ceux dont le vocabulaire est limité et imprécis, ont-ils un réel pouvoir linguistique ? Non, ce sont les « pauvres du langage » condamnés à ne communiquer que dans l'immédiat et dans la proximité. Car ceux qui n'ont jamais la chance sociale et culturelle d'être invités aux concerts de la communication élargie n'ont que peu de raisons de se doter d'instruments justes et pertinents. Non parce qu'ils seraient intellectuellement incapables de les acquérir, mais tout simplement parce que, dans le petit périmètre de communication qui leur est concédé, ces instruments n'ont pas leur utilité. En d'autres termes, lorsqu'un groupe social est tenu à l'écart des cercles de réflexion collective, des lieux d'influence et des centres de décision, il va « naturellement » fabriquer des moyens de parole réduits parce que ceux-ci constituent la réponse linguistique pertinente à la situation culturelle et sociale réduite qui lui est imposée. *C'est en effet le degré d'ambition sociale que l'on nous autorise qui règle notre envie et notre capacité de conquérir le verbe.* Pour oser parler, pour avoir l'audace d'aller chercher par la parole l'autre au plus loin de soi-même, il faut avoir compris ce que parler veut dire. Il faut être sûr que parler constitue plutôt une promesse qu'une menace ; savoir qu'une chance réelle existe d'exercer un peu d'influence sur le monde. Plus étroit est le « cercle de parole », plus faible en est la maîtrise, et plus grande est la crainte à se hasarder au-dehors. Car, lorsque les occasions de parler de choses nouvelles à des gens nouveaux ont été quasi inexistantes tout au long de l'apprentissage de la langue, cela a induit un rétrécissement du langage qui interdit de parler « au large ». Et lorsque exceptionnellement la nécessité se fait sentir d'affronter l'inconnu les moyens linguistiques ne sont pas là pour le permettre. C'est donc bien *la marginalisation culturelle et sociale qui engendre l'insécurité linguistique* ; mais la réduction des outils lexicaux, grammaticaux et discursifs qui en résulte rend cet enfermement de plus en plus sévère, et de plus en plus faibles la volonté et les chances d'évasion.

Ces jeunes que l'on a cantonnés à une communication de stricte connivence, se sont repliés ainsi sur un vocabulaire flou et réduit. En effet, plus on connaît quelqu'un, plus on a de choses en commun avec lui, et moins on aura besoin de mots précis pour communiquer ensemble. En bref, si je m'adresse à un individu qui vit comme moi, qui croit dans le même dieu que moi, qui a les mêmes soucis et la même absence de perspectives sociales, cela « ira sans dire ». Je n'aurai pas besoin de mettre ma pensée en mots précis et soigneusement organisés parce que nous partageons tellement de choses, nous subissons tellement de contraintes et de frustrations identiques que l'imprécision devient la règle d'un jeu linguistique socialement perverti. Les mots que nous utilisons seront toujours porteurs d'un sens exagérément élargi et par conséquent d'une information d'autant plus imprécise.

Prenons l'exemple du mot « bouffon ». Bernard Pivot se réjouissait récemment de constater que ce mot ancien, tombé en désuétude, se trouve remis au goût du jour par les jeunes des banlieues qui lui donnent une seconde jeunesse. En fait, ce que l'on constate, c'est que le sens premier de « bouffon » dans le « bouffon du roi » portait une information précise et forte qui faisait que, lorsque l'on recevait ce mot, on n'avait aucun doute sur ce qu'il évoquait. En revanche, l'utilisation de « bouffon » pour qualifier un individu comme dans « ce keum, c'est un bouffon ! » ouvre un champ de signification infiniment plus étendu : il sert à donner une appréciation négative sur quelqu'un, quels que soient les critères qui la fondent et quelle que soit la nature du lien qui nous lie à cette personne. En d'autres termes, tout individu dont le comportement ne nous convient pas est un « bouffon ». On voit donc bien comment ce mot recyclé est devenu une sorte de « baudruche sémantique » gonflée à l'extrême, ballottée à tous vents, prête à tous les compromis contextuels. Car, si n'importe qui, à n'importe quelle occasion, peut être appelé « bouffon », ce mot n'a alors quasiment plus de sens.

Si ce langage fonctionne – et il fonctionne –, c'est parce qu'il a été forgé dans et pour un contexte social rétréci où la connivence compense l'imprécision des mots. Lorsque le nombre de choses à dire est réduit, lorsque le nombre de gens à qui l'on s'adresse est faible, l'approximation n'empêche pas la communication. Mais, lorsque l'on doit s'adresser à des gens que l'on ne connaît pas, lorsque ces gens ne savent pas à l'avance ce qu'on va leur dire, cela devient alors un tout autre défi. Un vocabulaire exsangue et une organisation approximative des phrases ne donnent pas la moindre chance de le relever.

Il n'est pas question de tenir, sur ce langage dit des cités, des banlieues ou des jeunes un discours de mépris stigmatisant son irrespect des règles lexicales et grammaticales ; mais il n'est pas non plus question, au nom de je ne sais quel droit à la différence (ou à l'indifférence), d'ignorer qu'il prive *ceux dont il est le seul instrument de parole* d'exercer leur droit légitime de laisser sur les autres une trace singulière. La vraie question, la seule qui doit nous mobiliser, est de savoir comment distribuer de manière plus équitable le pouvoir linguistique afin que certains ne soient pas exclus de la communauté de parole, de lecture et d'écriture. Ce n'est donc pas d'élégance et de normes que je me préoccupe, mais de la nécessité de permettre à chaque citoyen de transmettre à l'autre sa pensée de la façon la plus juste et la plus précise, et d'ouvrir en retour son intelligence à la pensée de l'autre avec autant de bienveillance que d'exigence.

De l'impuissance linguistique à la violence

L'impuissance linguistique, parce qu'elle condamne certains de nos concitoyens à un enfermement subi, à une communication rétrécie, rend très difficile toute tentative de relation pacifique, tolérante et maîtrisée avec un monde devenu hors de portée des mots, indifférent au verbe. Réduite à la proximité et à l'immédiat, la parole n'a pas le pouvoir de créer un temps de sereine négociation linguistique propre à éviter le passage à l'acte violent et à l'affrontement physique. Cette parole n'est le plus souvent qu'un instrument d'interpellation brutale et d'invective qui banalise l'insulte et annonce le conflit plus qu'elle ne le diffère. Elle n'offre, au-delà du cercle étroit où elle est confinée, que de rares perspectives d'ouverture et de reconnaissance mutuelle. À l'intérieur même de ce cercle, les tentatives d'analyse et de problématisation sont souvent vouées à l'échec.

Novembre 2003. J'accompagne ma fille, convoquée au tribunal de C. Nous y arrivons à 14 heures et en sortirons vers 18 heures. Quatre heures pendant lesquelles nous assistons, d'abord amusés puis atterrés, à une parodie de justice sur fond d'inégalité linguistique. Sur l'estrade, un président sévère et renfrogné qui, de tout l'après-midi, ne lèvera pratiquement pas les yeux sur les prévenus. À ses côtés, un procureur tout en bons mots, aphorismes et phrases fleuries ; nous eûmes droit à « Tant va la cruche à l'eau qu'à la fin elle se casse », « Qui vole un œuf vole un bœuf », puis en montant un peu la barre : « Une bonne confession vaut mieux qu'une mauvaise excuse » et enfin, en guise d'apothéose : « *O tempora ! o mores !* »…

En bas, à la barre, quelques avocats pressés, sans connaissance réelle des dossiers et sans aucune relation avec leurs « clients » ; ces derniers, tous blacks et beurs, en uniforme de la cité, sweats et baskets, répondent aux questions par des tronçons de phrases sur un rythme haché et accéléré. Tout l'après-midi se sont ainsi succédé douze jeunes ; pas un seul n'a tenté d'articuler la moindre explication, de construire la moindre argumentation.

Vers 17 heures est appelé à la barre un jeune Black ; il est grand, costaud ; il écoute le président qui rappelle les faits qui lui sont reprochés : en bref, vol de deux CD dans une grande surface et ce, pour la seconde fois. C'est là que le procureur nous a gratifiés d'un « Tant va la cruche à l'eau... » et s'est lancé dans un long discours de fort belle facture sur la protection des citoyens et la vertu du châtiment. Plusieurs fois, le jeune prévenu se penche en avant, empoignant la barre avec une force qui fait saillir les muscles de son cou ; il tente de parler, émet quelques mots saccadés : « Là, c'est pas voler... c'est les mêmes. » Ses tentatives sont noyées sous le flot continu du laïus du procureur ; la tension devient palpable à mesure que se révèlent vains ses essais d'intervention. Le procureur s'arrête enfin : « Alors, de quoi voulez-vous donc nous entretenir qui ne puisse attendre l'ultime fin de ma péroraison (*sic*) ? » Et le jeune répète « Là, c'est pas voler !... Je les ai ! » « Mais bien sûr que vous les avez puisque vous les avez volés ! » La tension monte encore d'un cran, des insultes sourdes sont marmonnées que le procureur tourne en dérision : « Expliquez-vous donc au lieu de grogner comme un animal ! » Et survient alors ce qui me paraissait inévitable : le jeune Black saute d'un bond par-dessus la barre, bondit sur l'estrade et empoigne le procureur au collet. L'agresseur est ceinturé et menotté ; il sera traduit en comparution immédiate et écopera de plusieurs mois de prison ferme.

Il fallait que la justice passât, et elle passa.

Violence sur un magistrat dans l'exercice de ses fonctions, c'était un délit grave et il fut justement puni. Mais jamais comme ce jour-là je n'ai ressenti un tel sentiment d'impuissance, jamais ne m'est apparu avec autant d'évidence l'enchaînement fatal entre insécurité linguistique et passage à l'acte violent. Ce jeune tentait désespérément de donner une explication – vraisemblablement mensongère, d'ailleurs – selon laquelle il n'avait pas volé les CD ; il venait, prétendait-il, les échanger parce qu'*il les avait déjà*. Mais lui manquaient les mots pour se faire comprendre, mais lui faisaient défaut les structures pour convaincre. L'humiliation de ne pas maîtriser ce qui fait le propre de l'homme, l'exaspération de n'avoir pas l'espace et les moyens de se faire entendre le conduisirent inéluctablement à l'agression. Je ne cherche pas à justifier un acte violent, inacceptable, je tente simplement d'en décrire les articulations. Citoyen français, 18 ans, encore élève d'un lycée professionnel, il a subi pendant treize à quatorze ans une obligation scolaire qui ne lui a pas donné les mots pour laisser une trace de lui-même sur l'intelligence des autres. Et lorsqu'on ne peut pas s'inscrire pacifiquement sur l'intelligence des autres, la seule façon d'exister, c'est de laisser physiquement des traces sur le corps de l'autre.

Ma fille fut appelée dès la fin de l'incident. Elle avait particulièrement soigné sa tenue ; son attitude était suffisamment respectueuse, sans servilité excessive. Elle sut attendre l'invitation du président pour donner calmement des arguments atténuant la gravité de sa faute tout en reconnaissant sa responsabilité et en s'engageant à ne pas recommencer. J'avais l'impression d'entendre le procureur se dire dans sa tête : « Quel bel échantillon de l'humanité ! Comme elle s'exprime bien ! et jolie en plus... » Elle s'en tira avec une faible amende alors qu'elle risquait un an de retrait de permis de conduire.

Insupportables inégalités linguistiques qui manifestent et renforcent jusqu'à la caricature les inégalités sociales ! Insupportable impuissance de notre société à distribuer de façon plus équitable le pouvoir linguistique parmi des enfants qui tous sont les siens ; livrant ainsi à un monde hors de portée de leurs mots des jeunes à l'identité vacillante dont la seule chance de laisser une trace sur les autres et sur le monde est de s'abandonner à la violence, en désespoir de... cause.

Contre la crédulité, la résistance intellectuelle

L'impuissance linguistique incite ceux qui la subissent au constat ponctuel et à la qualification radicale ; elle rend donc difficile la mise en cause des mots d'ordre définitifs et des principes explicatifs faussement présentés comme universels. Un citoyen privé de réel pouvoir linguistique en difficulté de conceptualisation et d'argumentation ne pourra pas prendre une distance propice à la réflexion et à l'analyse. Il sera certainement plus perméable à tous les discours sectaires et intégristes [1] qui prétendront lui apporter des réponses simples, immédiates et définitives. Il pourra plus facilement se laisser séduire par tous les stéréotypes qui offrent du monde une vision dichotomique et manichéenne. Il se soumettra plus docilement aux règles les plus rigides et les plus arbitraires pourvu qu'elles lui donnent l'illusion de transcender les insupportables frustrations quotidiennes.

On ne peut jouer pleinement son rôle de citoyen sans une compréhension claire des défis que la langue nous propose : celui notamment d'oser s'adresser au plus étranger parmi les étrangers [2] pour lui dire les choses qu'il ignore et prêter une oreille attentive aux discours étranges qu'il nous tient. Car c'est bien pour pouvoir vivre ensemble dans la tolérance et la lucidité qu'il nous faut posséder en commun avec tous les autres des mots nombreux et précis, et partager des structures pertinentes et rigoureuses. Il faut certes accepter avec respect et intérêt la variété des formes de notre langue, car aucune langue n'est uniforme ; mais il faut affirmer avec exigence sa vocation à rassembler, à transcender les clivages, à guérir les déchirures. La langue n'annihile pas les différences culturelles et sociales, mais elle les rend audibles les unes aux autres ; c'est ainsi qu'elle contribue

1. De quelque religion qu'ils soient.
2. « Étrangers » signifie ici « ceux qui ne partagent pas mes convictions, mes croyances, mon histoire »...

à préserver le lien social et à éviter que notre communauté ne devienne un conglomérat de groupes imperméables les uns aux autres, prêts à tous les affrontements, à toutes les violences.

Nous sommes individuellement et collectivement responsables de porter au plus haut degré d'exigence la puissance du verbe car nous devons donner à nos enfants les moyens linguistiques de résister intellectuellement à la tentation de la *passivité*, au piège de la *manipulation* politique et aux sirènes des *discours sectaires*.

Commençons par le danger de l'enlisement intellectuel. Le monde médiatique voue aujourd'hui un véritable culte au prévisible et tient l'imprévisible pour une erreur de stratégie. Suivant servilement le modèle de la publicité, la production audiovisuelle de nature fictionnelle ou ludique sacrifie une part importante de sa créativité sur l'autel de la prévisibilité. Entendons-nous bien ! Je ne prêche pas pour une télévision qui imposerait au spectateur de constants efforts de découverte. J'ai plaisir, comme vous, je suppose, à regarder l'épisode d'une série dont nous connaissons tellement les règles de construction, les personnages et les décors que rien ne nous surprend vraiment. Il y a dans l'absence de questionnement une satisfaction qui tient sans doute à ce que nos hypothèses se voient presque toujours confirmées. Ces fictions familières nous portent comme nous porte la houle lente d'une mer tiède et grise ; elle nous berce jusqu'à l'endormissement. Le danger est qu'à la longue on finit par s'habituer à cette langueur balancée et qu'alors nous devient étranger le goût de la conquête, de l'exploration et de la surprise. Ainsi, lorsque l'on répète à la fin de chaque publicité vantant les mérites du vin : « L'abus d'alcool nuit gravement à la santé », on en fait une remarque anodine qui, à force de redites, devient quasiment un clin d'œil complice, presque un « jingle ».

Les premières pages d'un livre posent au lecteur la même question : « Allez-vous me comprendre ? » Qui n'a pas ressenti cette anxiété propre aux commencements intellectuels ? Rien n'est d'emblée assuré, rien n'est donné au départ, tout est à prendre ou du moins à comprendre. En ces débuts voilés, on ne prévoit rien ou si peu de chose ; on doit découvrir, mettre au jour, se frayer des chemins. Et puis, peu à peu, les couloirs obscurs s'éclairent, notre regard porte plus loin, anticipant le prochain virage, la prochaine bifurcation. Ces personnages que l'on s'est donné la peine de connaître deviennent des alliés dont on prévoit mieux les comportements et les relations. Ces lieux dont on a, mots après mots, dessiné les contours deviennent le décor familier de nouveaux événements. Ce qui, au commencement, n'était qu'une terre inconnue et inquiétante se transforme progressivement en lieu de retrouvailles et de reconnaissance. C'est avec l'espoir d'une aube promise que, lecteur de l'œuvre d'un autre, nous acceptons le moment si difficile de l'abord. L'instant où s'impose *l'effort du sens* qui seul permet de dissiper les ténèbres et d'ainsi mériter le privilège de devancer un peu les mots, d'imaginer par avance les images. Dans la lecture, la prévisibilité n'est pas un droit garanti ; elle se gagne.

En plaçant l'offre de prévisibilité au centre même de sa démarche de séduction, la production audiovisuelle fait perdre à nos enfants l'audace, le courage et l'envie d'apprivoiser le sens d'un autre. En prenant cette inquiétante habitude de dévoiler par avance dans la plupart de ses séries, sagas et autres feuilletons les péripéties les plus importantes de l'épisode à venir, la télévision leur délivre régulièrement ce message insidieux : « Restez donc avec nous puisque vous savez déjà ce qui va se passer. » Et ainsi s'installe une culture du pré-dit, du pré-vu, qui propose une sorte de contrat d'assurance contre tous les risques d'ambiguïté, de malentendu ou d'incompréhension qui sont justement ceux qui font de la communication linguistique une aventure proprement humaine. Lumineuses et rectilignes, ces autoroutes télévisuelles font alors apparaître le lent cheminement du sens, page après page, comme une démarche pénible à l'issue improbable.

Cette absolue prévisibilité de signification me fait considérer une part importante de la production télévisuelle, quelle que soit l'originalité de sa forme, comme le degré zéro de la communication. C'est en effet parce qu'elle écarte d'emblée l'idée même de l'effort du sens qu'elle m'apparaît perverse et dangereuse. À la longue, elle habitue nos enfants à n'accepter que les discours, les textes et les images dont le sens leur est par avance en grande partie livré : elle les amène à se méfier de toute aventure de compréhension qui comporte le moindre risque de difficulté ou d'échec.

C'est avec la même perversité que certains hommes politiques détournent la langue de ses objectifs de communication ouverte et honnête. Ils bouclent soigneusement toutes les portes par lesquelles l'intelligence de leurs concitoyens pourrait s'immiscer et ainsi bousculer des certitudes et déranger l'ordre établi. Ces portes, je les appellerais volontiers « les portes de la critique ». Elles s'ouvrent et se ferment devant l'intelligence des autres ; elles invitent à la discussion et au questionnement ou rendent au contraire cet exercice inopportun et dérisoire. Écoutez donc dans la plupart des discours politiques claquer ces « serrures grammaticales » qui interdisent toute perspective de réfutation et de mise en cause.

Ministre de l'Environnement : « La construction de ce barrage fut sans doute une erreur. » *Qui a construit ce barrage ? Quand le fut-il ? Qui a commis l'erreur ?* Voilà autant de questions que vous n'aurez même pas l'idée de poser !

Ancien ministre de l'Intérieur : « On ne peut nier une forme de collusion entre certains élus et certains groupes de pression. » *Quelle est cette collusion ? Quels sont ces élus et ces groupes ? Où cela s'est-il passé ?* Ces questions n'ont aucune chance de trouver leurs réponses !

Ancien ministre de l'Économie : « Les Français doivent savoir que les engagements pris seront tenus ! » *Qui s'est engagé ? À quoi ? Quand seront-ils tenus ? Et par qui ?* Autant d'interrogations déplacées !

Ancien ministre de l'Éducation : « Tous les efforts seront faits pour que la démocratisation de l'école devienne une réalité. » *De quels efforts s'agit-il ? Par qui seront-ils faits ? Et quand ? Qu'est-ce qu'on entend par démocratisation ?* Vous n'aurez sans doute pas le mauvais esprit d'interroger ainsi le ministre !

En examinant de près ces quatre exemples, on s'aperçoit que *trois procédés grammaticaux* sont à l'œuvre. Chacun permet de produire une phrase complète et correcte tout en évitant soigneusement de dévoiler qui fait quoi, où et quand. En d'autres termes, nous avons là trois moyens linguistiques permettant d'éluder toute interrogation et toute velléité de vérification.

– En premier lieu vient ce que l'on appelle la « nominalisation », c'est-à-dire le fait de fabriquer un nom à partir d'un verbe. Ainsi, si le ministre de l'Environnement avait utilisé le verbe « construire », il eût été obligé de donner à ce verbe un sujet et de dévoiler ainsi qui avait construit ce barrage ; alors que le nom « construction » n'impose pas de mentionner l'identité du responsable.

– L'utilisation de la voix passive va exactement dans le même sens ; elle permet de ne pas désigner le responsable d'une action, car, contrairement au sujet du verbe actif, le complément d'agent du verbe passif n'est pas obligatoire. Ainsi, quand le ministre de l'Économie dit que les engagements seront tenus, le passif permet d'éviter de spécifier qui les tiendra ; de même que son collègue de l'Éducation évite, grâce au même procédé, de nous préciser qui fera les efforts nécessaires à la démocratisation de l'école.

– Enfin, tous les extraits présentés montrent l'exclusion systématique des compléments circonstanciels de lieu, de temps, de manière ou de cause... ou de moyen. Cet effacement volontaire de la circonstance produit deux effets : le premier est de dissuader toute tentative de vérification (était-ce bien là ? Était-ce bien à ce moment-là ?) ; le second est de donner à la phrase une valeur de vérité générale difficilement contestable.

Il est remarquable que, dans les discours politiques, on trouve *deux fois plus de passif* que dans une conversation normale ; *trois fois plus de nominalisation* et *cinq fois moins de compléments circonstanciels*. La langue permet ainsi d'exhiber tout comme elle permet de dissimuler. Elle donne à l'homme public le pouvoir de fournir certaines informations et d'en cacher d'autres. Elle impose donc à l'auditeur de faire son propre choix entre l'ombre et la lumière. C'est à lui de forcer en homme vigilant les portes de la probité. Lorsqu'un homme ou une femme politique utilise des tournures, certes grammaticalement correctes, dans le seul but d'empêcher son auditoire de se poser des questions, il devient alors un usurpateur du verbe. Mais l'auditoire lui-même, par sa passivité et sa résignation, se fait lui aussi complice de cette manipulation. J'irai même jusqu'à dire qu'il encourage ces comportements en renonçant à exercer son droit de réfutation : il n'est pas fait mention du temps et du lieu ? Exigeons ces précisions ! On nous dissimule grammaticalement le responsable d'une action ? Refusons ce subterfuge ! Voilà ce que nous devrions apprendre à nos enfants, à la maison et à l'école : questionner sans relâche ; ne pas accepter les phrases dont la correction grammaticale couvre une volonté perverse de dissimulation et de fermeture.

C'est ce que nous faisons trop rarement. Il est tellement plus facile d'accepter que ces enfants soient bercés (bernés) par des discours manipulateurs et emportés par des fictions dont la transparence incite à la passivité. On prend de moins en moins le temps de joindre notre intelligence à la leur pour les inciter à demander des comptes, à exiger de vraies réponses ; on hésite à s'embarquer avec eux vers des contrées inconnues en sachant que la traversée sera pleine de risques intellectuels, excitante mais difficile. J'ai le souvenir de mon maître d'école qui nous disait alors que j'avais à peine 6 ans : « La seule chose que je vous interdis, c'est de dire "tout le monde sait que". » Quels sont les enfants qui ont aujourd'hui la chance d'être portés vers l'exigence par la disponibilité attentive et ferme de leurs parents quand ceux-ci ont tant de mal à exercer sur eux-mêmes leur devoir de vigilance ?

Et, pourtant, ils auront à affronter un monde dans lequel l'excès de crédulité se révélera souvent fatal. Un monde où *discours et textes de nature totalitaire et sectaire* se présentent sous le couvert d'une parfaite correction grammaticale, articulés selon une argumentation sans faille. Que l'on en juge en lisant ce tract récent du Front national :

« Lors de la création de la Yougoslavie, les Serbes constituaient au Kosovo une large majorité de la population. *Mais,* trois générations plus tard, sur 1 400 000 habitants, il n'y avait plus que 250 000 Serbes *puisque* 1 150 000 Albanais et gitans s'étaient installés. Cette profonde transformation de la population du Kosovo nous fait *évidemment* penser à ce qui se passe chez nous, en Île-de-France, le Kosovo français en quelque sorte. *D'ailleurs,* il suffit de voir le spectacle de la station du RER de Châtelet aux heures de pointe. Il est *donc* clair que, *si* nous ne voulons pas être expulsés de notre propre région comme les Serbes le sont, il nous faut *alors* nous battre contre l'immigration d'étrangers ayant une natalité galopante. Et *si* vous décidez de vous battre, *eh bien* le Front national sera à vos côtés. »

Vous trouvez cela peu convaincant ? Les arguments vous paraissent spécieux ? Relisez donc ce texte et imaginez quelqu'un d'amer et de frustré ; mécontent de la vie médiocre et sans joie qu'il mène ; reconnu de personne, méprisé de beaucoup ; sans attente, sans espoir et sans ambitions ; cherchant avec une envie malsaine à la fois un maître à penser et un bouc émissaire. Ne pensez-vous pas qu'il trouverait à ce texte quelque séduction ?

Il tient là une explication du monde qui dépasse les habituelles opinions échangées au comptoir des lieux communs ! Il a l'espoir d'être à son tour capable de convaincre, d'être écouté enfin et d'avoir ainsi le sentiment d'exister. Et puis le voilà avec un ennemi à combattre dans une bataille qu'on lui présente juste et nécessaire ; et avec des alliés unis à lui dans une vision commune du monde. Que demander de plus lorsque les jours se suivent dans la médiocrité, la monotonie et la rancœur tenace contre une injustice anonyme ? Comment alors ne pas se laisser entraîner par ces articulations logiques qui donnent à la succession des propositions un caractère d'évidence et de nécessité : ce « mais » qui marque la fatalité de l'invasion étrangère ; ce « puisque » qui stigmatise la responsabilité de l'envahisseur ; ce « d'ailleurs » qui projette comme sur un écran l'exemple concret et irréfutable d'une foule dangereusement cosmopolite ; et enfin ce « donc » qui indique la seule issue possible : l'action collective à entreprendre. Croyez-vous qu'il prendrait le soin d'analyser, de critiquer, de réfuter ce texte fait à la mesure de ses frustrations et de ses aigreurs ? Je n'en suis pas sûr. La réfutation d'un tel texte suppose que l'on ait été formé à la mise en cause, au questionnement, à l'exigence, que l'on ne tienne rien de ce qui est dit ou écrit pour acquis d'emblée. Être capable de vigilance et de résistance contre toutes les utilisations perverses d'un langage, être prêt à imposer ses propres discours et ses propres textes en accord avec sa juste pensée, voilà ce que l'on doit à un enfant si l'on veut qu'il contribue à donner à ce monde un sens honorable.

Chapitre IV

Imposer son intelligence au monde

Le verbe créateur

Juin 2005 ; 9 heures du matin[1]. La scène se passe dans la cour d'une école maternelle par une journée ensoleillée. La maîtresse place la petite Vanessa en un point précis de la cour et demande à Tiphaine de le marquer d'une croix. Puis Kader est chargé de dessiner sur le sol le contour de l'ombre de Vanessa. Tous les enfants reviennent à 10 heures, Vanessa reprend sa place, un autre enfant dessine l'ombre projetée au sol. On fait de même à 11 heures, à midi et ainsi de suite jusqu'à 16 heures. À mesure que s'égrènent les heures, se

1. Merci à mon ami Yves Quéré de m'avoir offert cette histoire.

succèdent les traces qui rappellent les différentes positions de l'ombre de Vanessa.

La maîtresse s'adresse alors à ses élèves et leur demande : « Que pensez-vous de ce que vous voyez par terre ? » Presque tous les élèves répondent en chœur : « Maîtresse, *c'est une fleur* ! », et de montrer du doigt les pétales et de discuter pour savoir de quelle fleur il s'agit : rose pour les uns, marguerite pour les autres...

Mais cette maîtresse est une « résistante » (comme toutes devraient l'être). Elle ne s'en laisse pas conter. Elle ne se contente pas d'un simple constat ; la seule nomination des choses ne la satisfait pas.

« Vous ai-je demandé de dessiner une fleur ?

— Non ! répondent les élèves, mais tu vois bien que c'est une fleur.

— Mais, enfin, rappelez-vous ! Nous sommes venus ce matin et Vanessa s'est plantée là où il y a une croix, et, après, nous sommes revenus et on a fait pareil, et après... et encore après... » Et elle insiste, et elle attend avec patience et obstination ; elle attend que jaillisse l'étincelle ; car cette maîtresse a de l'ambition pour ses élèves ; elle fait le pari de l'intelligence. Au bout de longues minutes courageusement affrontées, son obstination est récompensée : Vanessa, d'une voix timide, ose lui dire :

« Maîtresse, je *crois* que ça a *tourné*. »

Ah ! comme cela valait la peine d'attendre ! « Je crois », dit Vanessa, montrant que c'est bien l'intelligence qui est en marche et non pas seulement les yeux qui constatent et identifient. « Ça a tourné » l'emporte sur « c'est une fleur » : le verbe « tourner » l'emporte sur le substantif (fleur). Le verbe, catégorie reine de la grammaire, donnant à la langue son véritable pouvoir d'explication et d'argumentation. Le verbe qui ouvre les horizons du futur, qui fait resurgir les récits du passé. Comme le français fait bien les choses en nommant de la même façon le mot qui articule la phrase et l'outil linguistique qui articule notre pensée : verbe qui se conjugue, *logos* qui impose au monde l'intelligence de l'homme. C'est bien cette singulière catégorie grammaticale des verbes qui manifeste l'ambition propre au langage humain : ne jamais se borner à répondre à la question : « Qu'est-ce que c'est ? », mais tenter d'en affronter une autre d'un tout autre niveau : « Pourquoi les choses sont ce qu'elles sont ? »

Poussée par une maîtresse exigeante, la petite Vanessa a osé privilégier la réflexion à la perception ; le choix et l'organisation des mots lui ont donné le pouvoir d'aller plus loin que son œil le lui permettait. Cinq siècles après lui, elle a mis ses pas dans ceux de Nicolas Copernic ; ses mots ont fait écho aux siens, audacieux, téméraires et splendides : « La Terre tourne autour du Soleil. »

Il ne décrivait rien alors ; il ne rendait compte de rien de ce qu'il percevait. Aucun instrument ne lui permettait de constater les mouvements dont il affirmait la réalité. Les preuves n'en furent apportées que par Kepler et Galilée ; par ce dernier notamment qui construisit une lunette d'approche lui permettant de découvrir les phases de Vénus que Copernic avait prévues. Seul, le verbe portait et manifestait alors une pensée qui s'opposait à la certitude de tous ceux qui voyaient, de leurs yeux, le Soleil se déplacer au-dessus de leur tête. Pouvoir formidable du verbe d'imposer, contre l'évidence du « perçu », une représentation qui privilégie l'explication audacieuse sur le banal constat !

La grammaire libératrice

Il est donc là, Nicolas Copernic. Il se dresse, face à ses contempteurs ; accusé d'aller contre la parole de Dieu et contre les yeux des hommes. Il assène, obstiné, mot après mot : « La Terre tourne autour du Soleil. » Et il est compris au plus juste de ses intentions ; et, s'il est compris comme il entendait l'être, c'est parce que, au-delà du simple choix des mots, il a utilisé les moyens grammaticaux que lui donne la langue.

En positionnant « Terre » devant « tourne », il impose à ses interlocuteurs l'obligation d'en faire l'agent du procès « tourner ». L'agent et pas autre chose, quelque envie qu'ils en aient ! En utilisant la locution prépositionnelle « autour de », Copernic donne à « Soleil » un rôle bien spécifique dans la scène que l'on doit reconstruire. Les indicateurs grammaticaux lui donnent ainsi l'assurance que, quelle que soit la mauvaise volonté de ses interlocuteurs, ils ne pourront pas trahir ses intentions de parole.

Imaginons un instant Copernic privé des outils de la grammaire. Il met dans un grand chapeau les trois mots : « tourne », « Soleil », et « Terre » ; il les mélange bien et les jette à la tête de ses auditeurs en leur disant : « Messieurs, faites donc du sens ! » Quelle mise en scène eût résulté de cette invitation ? Comme un seul homme, ses juges eussent attribué à « Soleil » le rôle d'agent du verbe « tourner » et eussent fait de « Terre » le centre de la rotation du Soleil. Sans le pouvoir de la grammaire, les mots glissent naturellement sur la plus grande pente culturelle ; c'est l'attendu qui guide leur arrangement, c'est le consensus mou qui préside à leur mise en scène. Une langue qui se priverait du pouvoir de la grammaire livrerait ainsi ses énoncés aux interprétations banales et consensuelles fondées sur l'habitude, la routine et le *statu quo*. La grammaire apparaît ainsi libératrice alors qu'on la dit contraignante. Elle permet à la langue d'évoquer contre le conservatisme ce qui n'est pas encore mais sera sans doute un jour ; d'affirmer contre les préjugés ce que l'on ne constate pas *de visu* mais qui se révélera peut-être juste et vrai ; d'écrire *contre le conformisme* ce que l'on n'a pas encore osé formuler mais que les générations à venir trouveront d'une audace magnifique.

Mettre les mots ensemble afin que cette réunion ordonnée, cette solidarité organisée transcendent la successivité des mots égrenés et permettent à chaque lecteur, à chaque auditeur de construire une représentation globale cohérente, telle est la mission essentielle de la grammaire. Elle s'efforce de réunir en une image globale ce que le lexique, pour sa part, s'est efforcé de séparer : réunir un objet et sa couleur ou sa forme ; réunir un agent et son action, et éventuellement ce sur quoi elle porte ; réunir un événement et le lieu où il se déroule...

J'ai le souvenir de la remarque que fit un petit garçon dans une classe de cours préparatoire. La maîtresse avait organisé plusieurs groupes de travail. Dans l'un d'entre eux, cinq à six élèves effectuaient un exercice qui consistait à écrire tout ce qu'un chien pouvait faire :

Le chien court
mange
mord
dort
...

Un petit garçon aux cheveux bruns frisés, aux grands yeux noirs pétillants de malice et d'intelligence, interpella la maîtresse : « Dis, maîtresse, pourquoi ça s'écrit pareil un chien quand il court, quand il dort et quand il mord ? » La maîtresse lui jeta un regard où l'agacement le disputait à la commisération. « Rachid, arrête s'il te plaît de dire n'importe quoi pour te faire remarquer. »

Rachid se tut ; il avait encore raté une belle occasion de se taire ; et, pourtant, la question s'était imposée à son esprit comme digne de réponse : « Pourquoi donc la langue avait-elle décidé de séparer ce que ses yeux ne pouvaient pas dissocier ? » Lui voyait un chien dormant et jamais d'une part un chien et d'autre part le fait de dormir ; lui percevait un oiseau volant et jamais un oiseau séparé de son propre vol. Ce chien qui dormait était différent de ce chien qui courait ; cet oiseau chantant sur la cime de l'arbre, il le voyait différent de l'oiseau qui volait là-haut dans le ciel. Et, pourtant, la langue s'obstinait à écrire « chien » toujours de la même façon quel que soit ce qu'il était en train de faire ; et, pourtant, la langue insistait pour qu'on écrivît toujours pareil « dort », que ce soit un chien, un enfant ou... de l'eau qui dormît.

Coupeur de cheveux en quatre, ce petit Rachid ? Oh non ! Il pointait au contraire son intelligence vers un des principes fondateurs du langage de l'homme : être capable de nommer les actions et les qualités indépendamment des êtres ou objets qui les portent.

Toutes les langues du monde séparent ce que l'œil ne peut voir autrement que fusionné : elles donnent constance et indépendance aux actions en réservant à chacune un mot qui l'évoque ; elles font de même pour les qualités (couleur, forme, sentiments...) qui acquièrent ainsi une autonomie linguistique que la réalité ne leur accorde pas. Imaginons un instant ce que serait une langue où l'on aurait un mot particulier pour désigner « un-loup-qui-dort », « un-loup-qui-court », « un-loup-qui-mange » ; une langue où un « loup-noir » se dirait de façon totalement différente d'un « loup-blanc » et ou évidemment « un-loup-blanc-qui-dort » aurait un nom encore différent d'un « loup-noir-qui-dort ». Imaginons une langue où une « table-de-bois » serait nommée de manière complètement distincte d'une « table-de-fer », de verre... On voit bien qu'une telle langue se condamnerait à multiplier à l'infini son vocabulaire dans une course sans espoir pour couvrir l'immense diversité des réalités perçues. Mais surtout elle renoncerait à suivre l'imagination sans limites des hommes créant d'autres mondes par la parole. Car nous voulons aussi, nous autres, humains, des loups qui volent comme volent les pierres ; des choux qui dévorent les chèvres ; un homme qui épouse un homme... Vous voyez quelles surprises peuvent nous réserver les imaginations humaines libérées par la grammaire. Les langues sont faites pour l'incongru, pour l'inattendu, pour l'inédit et non pour le banal et le conforme. C'est parce qu'elles doivent permettre de dire l'in-visible et l'imprévisible qu'elles ont toutes libéré les actions et les qualités des êtres et des objets qui les portent en eux dans une réalité quotidiennement perçue ; et c'est pour cela qu'elles ont toutes confié à la grammaire la mission de les remettre ensemble au gré de l'imagination illimitée des hommes.

Écoutons l'étrange histoire que me raconta un jour ma plus jeune fille :

« Je vais te dire une histoire, me déclara-t-elle un soir, une histoire que j'ai inventée dans ma tête : c'est l'histoire d'une petite chèvre qui s'en est allée un jour dans la montagne pour manger...

— Attends ! Je la connais celle-là ; c'est *La Chèvre de monsieur Seguin.*

— Mais non, mais non ! Écoute ! "Elle s'en va donc dans la montagne pour manger...", elle marqua une légère pause, puis : "des canards. Elle mange des canards et puis deux lapins ; et elle gambade toute la journée. La nuit arrive ; il fait froid, et, au loin, elle entend le hurlement du loup. Ouh ! Ouh !... La pauvre petite chèvre bleue a très peur ; elle ne sait pas quoi faire ; elle est perdue. Soudain, en face d'elle, elle voit un tout petit loup jaune qui la regarde avec de grands yeux verts. Alors la chèvre lui donne trois bons coups de corne et elle le tue." Alors dit-elle en me regardant, tu la connaissais mon histoire ?

— Ah non ! pas du tout ; tu devrais l'écrire, tu sais.

— Non, ça c'est pas possible ! Ces histoires-là, ça ne s'écrit pas ; les gens pourraient les lire et les garder ; c'est juste des histoires rigolotes. »

Des histoires rigolotes... celles où les chèvres sont bleues, les loups jaunes ; celles où ce sont les chèvres qui tuent les loups. Des histoires rigolotes parce que « bleu » est libre de qualifier chèvre tout comme il dit la couleur du ciel, parce que jaune est libre de colorer le loup comme il évoque l'or des cheveux d'un enfant. Des associations imprévisibles, incongrues parce que la grammaire permet de faire de « chèvre » l'agent de l'action « tuer » et d'obliger « loup » à la subir. Telle est la puissance créatrice de la grammaire : imposer des rôles aux êtres et aux objets que l'on évoque, même si – et surtout si – le monde ne nous les a jamais présentés ainsi ; décider de parer les êtres et les objets de certaines qualités même si – et surtout si – nos yeux ne nous les ont jamais montrés ainsi.

Si les langues possèdent cette capacité d'aller plus loin que l'œil, c'est parce qu'elles exercent sur les mots un pouvoir grammatical qui ne se contente pas de mettre fidèlement en scène le spectacle du monde. Ce pouvoir grammatical, toutes les langues du monde l'exercent grâce à ce que l'on appelle des « indicateurs de fonction » : ce sont des mots, le plus souvent petits, qui distribuent aux mots-acteurs les rôles que chacun et ensemble ils vont avoir à jouer dans la scène qui est évoquée. Ainsi, dans la phrase : « La chèvre de monsieur Seguin tua le loup », nous savons que monsieur Seguin n'est pour rien dans la mort du loup parce qu'il est lié à « chèvre » par la préposition « de » marquant sa fonction de détermination. Nous comprenons que c'est la chèvre qui est responsable de la mort du loup parce que le mot « chèvre » est placé avant « tua » et que loup ne vient qu'après. Ces indicateurs, véritables directives de mise en scène, sont en français les prépositions (de, dans, pour...) ainsi que la position respective des mots dans la phrase. En latin, en allemand, en japonais, etc., ce sont des désinences casuelles placées à la fin des mots qui jouent ce rôle (nominatif, accusatif, datif...). Peu importe la forme que ces indicateurs de fonction prennent dans les différentes langues du monde ; ce qui importe, c'est que toutes utilisent le même principe qui consiste à imposer conventionnellement aux mots une fonction précise. Sans cela, les langues ne pourraient remplir leur mission de création ; sans cela, les hommes ne seraient que créatures alors que la grammaire les élève au rang de créateurs.

L'intelligence du monde

Toutes les langues du monde ont la même ambition : permettre à l'homme d'être l'interprète du monde et non d'en être le miroir fidèle. Le monde parlé n'est pas le monde perçu, c'est le monde transformé par le pouvoir de l'intelligence humaine ; c'est un monde que l'homme soumet au pouvoir de sa pensée ; il le crée en le disant, il n'en rend pas un compte exact. Et, d'ailleurs, si les langues se contentaient de permettre aux hommes de décrire ce qui tombe sous leurs sens, elles seraient chacune le calque presque exact des autres. Les mots de l'une correspondraient aux mots de l'autre ; seuls manqueraient à l'appel quelques vocables désignant des éléments non attestés dans le milieu de vie de telle ou telle communauté linguistique : « neige » ici, « atome » là, « démocratie » ailleurs. Ce serait ainsi un monde perçu et prédécoupé qui imposerait sa loi aux mots, alors que c'est exactement l'inverse qui se produit : l'intelligence de chaque langue forge d'une façon particulière notre vision du monde.

Qui n'a pas vu un arc-en-ciel ? Que l'on vive en Afrique, en Amérique du Sud ou en Asie, tout homme doté d'une vision normale perçoit cette suite ininterrompue de couleurs que produit la réfraction des rayons du soleil dans les gouttes de pluie. On s'attendrait à ce que toutes les langues du monde en rendent compte de façon identique et qu'à l'exemple du français elles découpent « ce que l'on voit » : indigo, bleu, vert, jaune, orangé et rouge. Il n'en est rien. Ainsi, le bassa, langue du Liberia, impose à ce spectre des couleurs deux mots seulement : « hui », qui va de l'indigo au vert, et « ziza », qui prend en compte le reste du spectre. Le choua, langue parlée en Zambie, utilise, lui, quatre mots. Est-ce à dire que les locuteurs de ces langues ne « voient » pas la même chose que nous Français ? Pas du tout, leurs yeux leur renvoient la même image ; mais leur langue et leur pensée ne traitent pas cette réalité de la même façon. Plus proches que nous, les Anglais désigneront par *pig* le porc qui est dans la cour de ferme et par *pork* la côte du même animal qui est dans l'assiette. Ils distingueront de même *sheep* (mouton dans son pré) et *mutton chop* (côtelette de mouton)... Plus proches encore : alors que nous, Parisiens, nous contentons de distinguer la neige de la pluie, les Savoyards nous parlent de « poudreuse », de « soupe »... suivant ainsi les traces des Inuits qui ont dans leur langue plus de quinze termes pour désigner la neige et plus de cent pour nuancer le « blanc ». Nous pourrions multiplier les exemples qui tous montrent que chaque langue impose à la réalité la volonté intellectuelle particulière de ceux qui la parlent. Les différences entre les langues ne sont pas le simple reflet des différences qui distinguent les milieux physiques dans lesquels vit chaque communauté. Si les lexiques des langues sont différents les uns des autres, c'est parce qu'ils témoignent chacun de l'ambition singulière d'un groupe d'hommes d'imposer au monde leur pensée spécifique.

Rien ne paraît plus naturel que de désigner par des mots les images que distinguent nos yeux, les bruits que différencient nos oreilles, les goûts que révèlent, dans leur diversité, nos papilles, les odeurs variées que captent nos narines. En fait, l'acte de « mettre en mots » n'a rien de naturel : c'est une décision humaine intelligente ; c'est la première étape de la pensée scientifique et de la pensée tout court. L'homme ne nomme pas dans l'ordre d'arrivée tout ce qui lui tombe sous les yeux ; toute nomination est un choix, une étape vers la conquête d'une nature à laquelle la pensée de l'homme impose une organisation. Appeler ce caillou « granit », cet autre « quartz », cet autre encore « calcaire », c'est les distinguer autrement que par leur forme ou leur dimension ; c'est rassembler, sous une même appellation, de minuscules fragments comme d'énormes blocs. Dire ensuite que tous ces éléments prennent place au sein d'un même ensemble que l'on appelle « roches », c'est franchir une étape décisive dans la mise en ordre du monde. Cette distinction, cette nomination, procèdent toujours d'une intention ; on ne nomme pas n'importe quoi, on nomme ce qui va servir à mieux comprendre comment marche le monde, on nomme ce qui va servir à le modifier à notre convenance.

La langue accompagne ainsi et souvent précède le développement de la *pensée scientifique*. La langue ne se contente pas de sélectionner ce qui est utile à notre réflexion et à notre action ; elle affirme les effets produits par une action sur une autre action. Par exemple, dire « si on lâche une pierre, elle tombe » ou « lorsqu'on lâche une pierre, elle tombe » ou encore « une pierre tombe pour peu qu'on la lâche », c'est poser le principe qu'un lien de cause ou de conséquence régulier et prévisible unit ces deux processus. Dans la même perspective, la langue permet de formuler des lois universelles dégageant ainsi la vérité scientifique des contraintes du « ici » et « maintenant » pour lui faire atteindre le « partout » et le « toujours ». Ainsi la loi de la gravitation universelle selon laquelle « deux corps quelconques s'attirent avec une force proportionnelle au produit de leur masse et inversement proportionnelle au carré de leur distance » s'impose-t-elle aussi bien au caillou que je lâche qu'à la force qui maintient la Lune en orbite autour de la Terre.

Chaque étape des développements de la pensée scientifique mobilise des moyens linguistiques de plus en plus puissants. Nommer exige que l'on décide ce qui est « digne » de l'être et que l'on fabrique arbitrairement un bruit spécifique pour l'évoquer. Décrire les « effets », c'est se doter des connecteurs (« donc », « si... alors », « parce que »...) qui manifestent le lien logique et nécessaire qui associe deux propositions. Affirmer une loi universelle, c'est dépasser le constat pour faire donner toute la puissance explicative du concept : « proportionnalité »,

« produit », « masse », « carré »... Ce qui est important, c'est que, dès l'étape de la nomination, se manifeste déjà la volonté humaine de prendre intellectuellement le pouvoir sur la nature.

Dans un élan d'imagination et de rigueur mêlées, la langue porte et diffuse la pensée scientifique. C'est dans le même élan qu'elle ouvre à la poésie les portes de l'imaginaire.

Écoutons Paul Eluard qui nous dit que « la Terre est bleue comme une orange » et qui ajoute pour bien insister sur la puissance des mots : « Jamais une erreur, les mots ne mentent pas. »

Évoquons René Char qui affirme que « dans la bouche de l'hirondelle un orage s'informe, un jardin se construit » et qui précise, pour bien marquer l'indépendance du verbe, que « la poésie est de toutes les eaux claires celle qui s'attarde le moins au reflet de ses ponts ».

Entendons enfin rugir Michaux : « Je vous construirai une ville avec des loques, moi ! Je vous la construirai sans pierres et sans ciment. »

« Une ville sans pierres et sans ciment... ». Cela me rappelle un après-midi à Rabat. J'avais proposé à un large public une conférence dans laquelle j'insistai sur le pouvoir créateur de la langue. Un vieil homme vint à moi, à la fin, et me dit : « Mon père m'a raconté une histoire qui lui venait de son propre père. Un très riche marchand voulait marier la plus jeune de ses filles, sa préférée. Il déclara qu'il la donnerait en mariage à celui qui pourrait lui faire le plus extraordinaire des cadeaux. Se succédèrent les prétendants les plus riches du pays ; furent proposés les tapis les plus somptueux, les bijoux les plus précieux, des coffres débordant de l'or le plus fin, les chevaux les plus élégants et les plus racés. Rien de tout cela n'émut le riche marchand ; il avait tout. Se présenta alors, à la porte du riad, un jeune paysan ; il n'apportait rien ; sa mise était modeste, mais son air assuré. “Je veux voir le père, j'ai pour lui le plus exceptionnel des présents.” On le fit attendre longtemps. Enfin, on consentit à le conduire au maître des lieux. Le jeune homme le regarda droit dans les yeux et lui dit : “Je viens t'offrir un couteau sans lame et sans manche.” »

Le vieil homme arrêta là son récit ; puis il reprit dans un murmure : « Mon père me raconta que le jeune homme avait épousé la fille du riche marchand ; mais sans doute voulut-il me faire plaisir. Les riches marchands sont rarement des poètes ; mais peut-être, en ces temps lointains, en allait-il autrement. »

Toutes les langues du monde manifestent l'ambition universelle des hommes de penser la nature et non d'en décrire une image fidèle. Quelle que soit la race ou l'ethnie qu'elle anima, l'intelligence humaine s'est toujours donné le même défi et a créé pour le relever des langues dont *les principes sont universels*.

Si chacune des langues du monde a en effet conçu ses propres mécanismes et règles de mise en mots, elles sont par contre toutes fondées sur des systèmes identiques. Elles ont fait les mêmes choix essentiels. Cette convergence n'est certainement pas due à une programmation linguistique des cerveaux humains car je ne crois pas à l'innéisme du langage. Je suis convaincu que, si toutes les langues fonctionnent sur des choix fondamentaux communs, c'est parce que toutes devaient répondre aux trois mêmes exigences : la première, c'est qu'une langue devait se prêter sans faillir aux ambitions de plus en plus élevées des hommes engagés à comprendre le monde ; la deuxième, c'est qu'une langue devait dépasser la perception et s'affranchir du Ici et du Maintenant ; la troisième enfin, c'est qu'une langue devait être transmise, c'est-à-dire qu'un petit enfant devait la découvrir et non pas la répéter.

La langue sert les ambitions de l'intelligence humaine et lui donne une dimension collective. Cependant, cette langue si puissante peut servir avec la même efficacité et les mêmes moyens les aspirations les plus respectables et les plus hautes comme les allégations les plus infâmes et les affirmations les plus intolérables.

Une parole responsable

Non seulement le verbe possède un pouvoir de création qui va bien au-delà de ce que nous voyons, mais il nous hisse bien au-dessus de notre condition humaine. Nous disons l'infini alors que nous sommes des êtres limités ; nous disons l'éternité alors que nous sommes promis à une fin inéluctable. Le verbe nous autorise le

« toujours », il nous permet le « partout » alors que notre existence est soumise au « ici » et au « maintenant ». Je suis dans mon bureau, on est le 19 juillet 2006, il est midi et demi, il fait une chaleur accablante, et je suis en train d'écrire : « La langue nous hisse au-dessus de notre humaine condition. » Elle me hisse, moi, dans mon bureau et partout ; elle vous hissera, vous qui me lirez, où que vous soyez, en ce jour et demain comme elle a hissé de tout temps au-dessus d'eux-mêmes les hommes doués de la parole. La langue donne ainsi à tous ce pouvoir considérable de placer le discours *hors des limites de l'espace et du temps*.

Mais ce pouvoir qu'elle nous confère, elle nous laisse seuls juges de son utilisation. À la loi la mieux établie comme à l'allégation la plus gratuite et la plus intolérable, la langue prête les mêmes structures, les mêmes mécanismes. Examinons par exemple l'énoncé du principe ou théorème d'Archimède : « Tout corps plongé dans un liquide subit une poussée verticale dirigée de bas en haut ; elle est égale au poids du fluide déplacé et elle s'applique au centre de gravité de ce corps. » À l'aide de l'adjectif indéfini « tout », en utilisant le présent de l'indicatif « subit », « s'applique », on parvient à poser le caractère universel de ce principe : il vaut aujourd'hui, il valait hier, il vaudra demain ici et ailleurs. Des moyens linguistiques particuliers nous permettent de l'affirmer sans ambiguïté. Lisons en parallèle ce que publie en décembre 1944 l'organe de la collaboration nazie *Je suis partout* : « Il est une loi parfaitement démontrée : tout Juif, demi-Juif ou quart de Juif menace notre intégrité nationale. Tout Juif, introduit au sein de nos systèmes juridique, politique et financier, leur fait subir une pression insupportable. » L'auteur de cette affirmation infâme, présentée comme définitive et incontestable, utilise exactement les mêmes moyens que ceux mobilisés pour donner au principe d'Archimède sa dimension de vérité universelle. L'adjectif indéfini « tout » appliqué à « Juif », le présent de l'indicatif accolé aux verbes « faire subir » donnent à cette phrase valeur de vérité générale.

La langue sert ainsi, avec le même dévouement, le maladroit comme le talentueux, l'usurpateur comme le juste. À tous, elle donne le même pouvoir de situer leur discours au-delà du constat immédiat, hors d'atteinte de la vérification directe. « L'usurpateur talentueux » est pour moi la pire espèce d'écrivain, le plus détestable des tribuns. Peut-on pardonner à Céline les horreurs qu'il a écrites au bénéfice de son talent littéraire ? Certainement pas ! Peut-on accepter le discours de Le Pen parce que la rhétorique en est fleurie et le vocabulaire riche ? Hors de question ! Lorsque le talent sert un verbe pervers, il insulte ce que nous avons en nous de plus précieux : le respect de l'autre et de soi-même.

C'est bien parce que la langue donne à ceux qui l'utilisent un pouvoir exorbitant qu'elle impose une exigence éthique sans faille à celui qui parle ou écrit comme à celui qui écoute ou lit. Exigence éthique de celui qui ose utiliser le discours du « partout » et du « toujours » parce qu'il doit à lui-même et aux autres d'être capable d'en démontrer la légitimité avec la plus grande rigueur. Exigence éthique de celui à qui s'adresse un tel discours parce qu'il devra le questionner sans complaisance, en traquer obstinément les failles et les faux-semblants. Je dirais volontiers en déformant à peine Rabelais : « Verbe sans conscience n'est que ruine de l'âme. »

Je me souviens d'avoir assisté à ce que l'on appelle un « conseil d'élèves ». Une quinzaine d'enfants de 5 à 6 ans étaient réunis. L'idée était de parler de ce qui se passait à l'école et d'essayer de définir quelques règles permettant de « mieux vivre ensemble ». Intention louable, on en conviendra !

Les anecdotes se succédaient entrecoupées de quelques propositions quand le petit Arthur dit d'un ton plaintif : « Hier, à la récré de la cantine, Bouchra, elle m'a poussé, je suis tombé et elle m'a donné un coup de pied. » Et, immédiatement, le petit Djamel enchaîna avec conviction : « Et d'abord, c'est toujours les filles qui tapent les garçons. »

Le conseil d'élèves s'acheva peu après, et je retrouvai les quatre institutrices. « Alors, me dit l'une d'elles, vous avez trouvé ça comment ? » Je me fendis de quelques banalités, puis je leur dis : « Vous souvenez-vous ce qu'a dit Arthur et ce qu'a répondu Djamel ? – Oui, me répondit-elle, c'était assez *mignon*... – Mignon ! Ce n'est certainement pas le mot que j'emploierais, je dirais plutôt inquiétant. »

Devant l'incompréhension générale, je tentai de leur expliquer : « Imaginez qu'Arthur descende de son immeuble et dise à son copain Djamel : "Mon père, hier matin, il a trouvé sa bagnole avec les quatre pneus crevés." Et que Djamel lui réponde aussi sec : "Et d'abord, c'est toujours les Noirs qui crèvent les pneus des voitures !" Est-ce que vous trouverez cela "mignon" ? »

Dénégation générale ! Indignation !

Et, pourtant, leur dis-je, nous sommes devant le même enchaînement linguistique. On raconte d'abord un événement dont on précise le lieu, le cadre temporel et les acteurs. Et, sur la base de ce seul témoignage, dont l'authenticité est rendue vérifiable par son encrage spatial et temporel, on assène une affirmation que l'on pare des attributs de la vérité.

Nous vivons dans un monde où l'on a de plus en plus tendance à accepter, sans les mettre en cause, les affirmations radicales, les explications définitives. La personnalité de celui qui impose le message, la puissance du vecteur qui le véhicule (radio, télé, journaux) suffisent à calmer les velléités critiques de ceux à qui s'adresse un message présenté en forme de vérité. À nos enfants, nous devons donc apprendre, à l'école comme à la maison, qu'ils ont le droit de réfuter la vérité proférée qui que soit celui qui la profère. Nous devons aussi leur montrer que, lorsqu'ils s'aventurent eux-mêmes sur le terrain du « partout » et du « toujours », ils doivent s'attendre à devoir rendre des comptes, à devoir apporter les preuves qui fondent la valeur de leur proposition. Lorsqu'on témoigne, on prend le risque d'être convaincu de mensonge ; lorsqu'on donne son opinion, on s'expose à être contredit par une opinion opposée ; mais, lorsqu'on ose utiliser *la parole de vérité*, on engage bien autrement sa propre responsabilité. On s'inscrit alors dans la volonté collective de donner sens au désordre et au tumulte du monde. Galvauder cette responsabilité individuelle, accepter que d'autres la galvaudent ne saurait être anodin. S'il est une chose que l'éducation nationale et l'éducation familiale doivent placer au centre exact de leurs objectifs, c'est bien cette vigilance intellectuelle que nos enfants doivent apprendre à exercer dès que se présente à eux un discours qui se pare des attributs linguistiques de la vérité et dès qu'eux-mêmes s'autorisent à en utiliser les marques.

Parler à ceux que l'on n'aime pas

On parle le plus souvent à des gens qui nous sont proches : nos parents, nos voisins, nos collègues de travail ; des gens qui nous ressemblent, qui ont les mêmes opinions, les mêmes goûts, la même façon de considérer le monde et de l'interpréter. Il est beaucoup plus facile de parler avec son voisin que d'entamer une conversation avec un parfait inconnu. Avec celui qui sait tout de vous et dont vous connaissez les moindres habitudes, quelques mots suffisent, un geste, un clin d'œil, un haussement de sourcils : on a finalement peu de choses à se dire, et la langue ne vient que confirmer ce que l'on sait déjà.

Et, pourtant, la langue n'est pas faite pour parler à un autre moi-même, celui qui pense comme moi, qui a vécu où j'ai vécu, qui croit en le même dieu que moi. La langue n'est pas faite pour parler à ceux que j'aime ; elle est faite, j'ose le dire, pour parler à ceux que l'on n'aime pas, pour leur dire des choses qu'ils n'aimeront sans doute pas, mais qui nous permettront peut-être de mieux vivre ensemble. La langue est ainsi faite pour s'adresser au plus étranger[2] parmi les étrangers, pour lui dire les choses les plus étranges qui soient. Deleuze a dit un jour dans une série d'interviews télévisées : « Il faut pousser la langue jusqu'à ce qu'elle bégaie ! » En prononçant cette phrase, Deleuze voulait affirmer que l'on devait exiger de la langue qu'elle ose élire au plus loin d'elle-même celui que l'on n'a encore jamais vu pour lui dire des choses qu'il n'a jamais entendues. Il nous faut donc pousser la langue dans ses retranchements ultimes ; la conduire là où s'essoufflent les mots à tenter de porter au plus haut des charges d'inconnu qui parfois les écrasent. C'est en effet sur ces hauteurs où se raréfie l'oxygène du « déjà-su » que la langue donnera le meilleur d'elle-même : là où on ne sait sur l'autre que bien peu de choses et où il en sait aussi peu sur vous ; mais là où l'autre est aussi l'objet de tous nos désirs de partage et

2. « Étranger » ici ne signifie pas quelqu'un qui ne parle pas ma langue, mais quelqu'un avec lequel je n'ai pas de connivence.

d'échange. C'est sur ces hauteurs que la découverte l'emporte sur le prévisible, que la conquête du sens est à la fois une invitation et un défi, une promesse et une exigence. C'est aux confins du dire, à l'orée de l'indicible que la langue déploie toute sa puissance, mobilise tous ses moyens.

Il est exceptionnel, direz-vous, que nous ayons, lorsque nous parlons, à affronter des conditions aussi extrêmes. La plupart du temps, notre discours s'appuie sur un ensemble non négligeable d'expériences, de connaissances, de croyances, de convictions... ou de préjugés que nous partageons avec notre interlocuteur. Il est bien rare que nous ne puissions pas nous appuyer sur une base commune qui permet à la langue de n'avoir pas « tout à dire ». J'en conviens bien volontiers ! Mais, si, dans la majorité des cas, la langue est utilisée pour compléter et parfois confirmer ce que l'on sait déjà, elle possède dans ses structures mêmes la capacité de relever au plus haut niveau le défi de l'inconnu. Du banal à l'exceptionnel, du prévisible à l'inattendu, du « passe-moi le sel » à l'explication dont dépend votre vie, la langue humaine nous invite à l'ambition et nous impose d'adapter sans cesse nos moyens à la hauteur de notre projet. En effet, plus nous nous donnons des ambitions élevées de parole, plus nous devons utiliser les moyens linguistiques puissants qui sont à notre disposition. À l'inverse, si nous bornons nos ambitions à constater la banalité du quotidien et à rappeler le déjà-su, point n'est besoin d'avoir dans sa besace des mots nombreux et précis, des structures grammaticales complexes... *Honorer le verbe, c'est partager une utopie* : croire qu'un jour l'on prononcera la phrase que personne encore n'aura prononcée. L'espoir fou de l'« inédit » légitime notre effort linguistique

Pour parler à un autre moi-même de ce qu'il sait déjà, il suffit d'un geste de connivence à peine esquissé. Ainsi... elle sait tout de moi, je sais presque tout d'elle. Nous avons lu les mêmes livres, connu les mêmes angoisses, rêvé aux mêmes matins nouveaux. Entre nous, cela va sans dire ; on se comprend à « demi-mot ». Peu à peu, la parole est devenue un futile bavardage, parfois même une pesante obligation. Mais... nos premières rencontres ! Lorsque nous ne savions rien ou si peu l'un de l'autre ; en a-t-il fallu des mots et des phrases ! En a-t-il fallu construire des ponts entre ces intelligences étrangères, entre ces mémoires singulières que l'échange linguistique tentait obstinément de rapprocher.

C'est parce que l'audace de la distance conditionne la réussite de l'apprentissage du langage qu'un enfant doit se voir révéler dans leur exigence les enjeux du verbe : on lui aura fait comprendre ou non que la langue permet d'aller au plus loin de soi-même et que c'est pour cela que l'on s'approprie des moyens linguistiques de plus en plus efficaces. C'est en osant s'adresser à ceux qu'il connaît peu ou pas, c'est en désirant leur dire des choses qu'il sait leur être encore inconnues que l'enfant va se doter d'un verbe fort et précis en sachant à quoi servent sa précision et sa force. En bref, c'est en mettant la distance et la différence au cœur même de l'usage du verbe que l'on trouve le goût des mots nouveaux et rares, que l'on s'empare des structures moins fréquentes et par là plus précises.

C'est contre la dérive perverse d'une parole à courte vue, qui fuit la différence, qui feint la connivence, que, parents et enseignants, nous avons à lutter. Il ne s'agit pas simplement d'apprendre à nos enfants des formules de politesse stéréotypées ou de corriger leurs « fautes de français » ; il s'agit de leur faire comprendre que, dès qu'ils décident de parler à quelqu'un, ils assument envers lui des devoirs. Cet autre être humain devient leur hôte à la table de la négociation linguistique. À cette table, nos enfants doivent prendre le temps de s'asseoir. Il nous faudra ainsi saisir toutes les occasions pour leur présenter la distance et la différence comme l'heureux défi de la communication humaine et pour leur faire découvrir les voies respectueuses qui mènent à la conquête d'une intelligence étrangère. Ce ne sont pas là des démarches éducatives complexes ; elles s'amorcent souvent par cette simple petite phrase : « Je n'ai pas compris ce que tu m'as dit, raconté ou expliqué, et je veux t'aider à te faire mieux comprendre. » Ce devraient être des démarches naturelles offertes à tous les enfants, mais elles impliquent attention, disponibilité, patience et constance. Ces qualités, les parents des enfants de 3 ou 4 ans en disposent de moins en moins ; peut-on les exiger de ces enseignants contraints de soumettre au silence vingt-cinq à trente élèves dont certains ignorent ce que parler veut dire, ignoreront sans doute ce que lire veut dire et encore plus certainement ce qu'écrire veut dire ?

Droits et devoirs de parole

Lorsqu'on parle à quelqu'un, il est, ou, du moins il devrait être, l'espace d'une phrase ou d'un discours, l'être le plus important au monde. Adresser sa parole, c'est choisir un être dans sa singularité, c'est l'élire comme partenaire d'une situation singulière. Il devient alors l'unique objet de mon attention et de mes désirs.

Face à cet être élu, je fais un pari ambitieux : celui qu'il ne sorte pas intellectuellement indemne de notre communication. En d'autres termes, à l'instant même où « je prends l'autre par la parole », je décide qu'il ne sera pas exactement le même après m'avoir écouté et compris. Toute prise de parole est ainsi animée par une volonté de transformer l'autre. Seules la profondeur et la pérennité de la trace laissée séparent l'anodin : « Passez-moi l'eau, s'il vous plaît », qui ne mobilise l'attention de votre convive que quelques secondes, à l'aveu brutal et terrible fait par un adolescent au milieu du repas de famille : « Papa m'a violé quand j'avais 5 ans. » Cependant, dans l'un et l'autre cas, la langue est à l'œuvre pour tenter, avec la plus grande efficacité, le plus haut degré de pertinence, de pénétrer l'intelligence de l'autre. Il n'est pas de parole gratuite, ou plutôt il ne devrait pas y en avoir.

J'ai toujours été surpris – pas choqué, mais surpris – d'entendre des conversations, pourtant anodines, ponctuées par de systématiques insultes.

« Comment tu te la joues, putain de ta mère ! (tu es bien fier dis-moi !) »

« Vas te faire enculer, tu l'aimes pas, ma caisse ? (Alors, tu n'aimes pas ma voiture ?) »

Ces insultes qui n'assument plus leur statut d'insultes me troublent ; leur gratuité me gêne. Je préfère des insultes qui soient de vraies insultes dans une langue qui affirme avec courage sa volonté de toucher l'autre. Rien ne me paraît plus inquiétant que des mots – fussent-ils des insultes – qui se vident de leur sens pour n'être plus que des bruits.

Toucher l'autre, le transformer un tant soit peu, laisser dans sa mémoire une trace même légère, même éphémère..., mais une trace, c'est là la fonction de la langue. Si parler semble la chose la plus naturelle du monde, le fait de pénétrer par la parole dans l'intelligence d'un autre est une décision toujours importante et parfois lourde de conséquences. La valeur d'un acte de communication humain ne peut donc se mesurer simplement à son degré d'efficacité et à la force de son impact. Il ne suffit pas de choisir avec pertinence ses mots et ses structures en fonction de la situation dans laquelle on se trouve et de la cible que l'on doit atteindre. La parole humaine ne peut se contenter d'être un instrument de juste visée. Parce qu'elle est humaine, elle soumettra sa légitime volonté d'efficacité au respect qu'elle doit au territoire intellectuel qu'elle ose investir.

Adresser la parole à quelqu'un constitue – quoi qu'on se propose de lui dire – une prise de pouvoir : je décide de pénétrer dans la tête de quelqu'un sans lui demander sa permission ; je ne lui propose pas ma parole, je la lui impose. Il peut certes s'enfuir ou se boucher les oreilles, mais, le plus souvent, il est contraint de m'entendre et – si je lui en donne les moyens – de me comprendre. Mais il possède lui aussi le pouvoir de soumettre en retour mon intelligence à la volonté de ses mots. L'autre est ainsi exposé à ma parole comme je le suis à la sienne ; vulnérable à mes mots comme je le suis aux siens. Parce que nous respectons les mêmes conventions linguistiques, parce que nous partageons le même code, nous nous sommes livré l'un à l'autre les clés de nos intelligences. De cette vulnérabilité réciproque, nous devons avoir une conscience aiguë et constante ; c'est en effet parce que nous savons être ouverts et exposés à la parole de l'autre, comme il l'est à la nôtre, que nous devons porter attention et respect à cet être singulier dont nous avons « pris la tête » l'espace d'une phrase ou d'un discours.

« Attention » et « respect » ne signifient pas que nous devons nous contenter d'échanger des futilités ou des louanges dans le but d'éviter blessures et traumatismes. Je voudrais au contraire une parole lourde de sens, animée par la volonté d'aller au bout de son intention en toute conscience des conséquences qu'elle va avoir pour l'intelligence sensible de l'autre. Je voudrais une parole qui, en se frayant un passage vers la pensée de l'autre, lui ouvre du même coup le chemin de ma propre pensée. Je voudrais une parole qui insulte en toute connaissance de cause, qui blesse en toute connaissance de cause, qui mente en toute connaissance de cause et... qui sache dire l'amour avec sincérité. Je ne veux pas d'une langue sirupeuse portant systématiquement la communion et la paix universelle. Les mots de désaccord valent mieux que les mots d'amour s'ils sont donnés avec conviction et lucidité à un être dont je respecte l'altérité intellectuelle. La langue peut dire la guerre comme la paix à condition qu'elle ne limite pas son ambition à l'exhortation et au slogan ; et, si l'on nous impose un discours de simple propagande, c'est alors à nous d'exercer notre droit d'exiger que la langue – notamment dans son exercice public – ne renie pas ce pour quoi elle est faite : ouvrir avec des mots une mémoire étrangère en sachant que c'est dans l'intelligence d'un autre que l'on pénètre et qu'à cette intelligence – parce que d'un autre, ami ou ennemi – on doit une infinie considération.

La langue, en posant d'emblée l'autre dans sa distance et dans sa différence, écarte l'idée même de *communion* pour jouer son rôle spécifique de *communication*. Que ceux qui le peuvent, ou disent le pouvoir, communient ! Pour cela, ils n'ont pas besoin des mots. La langue, elle, n'existe que pour franchir des espaces en sachant pourquoi elle les franchit et vers qui elle tente de nous mener. Tout discours est un voyage dont le succès est incertain. On s'y engage avec armes et bagages : des valises pleines de mots, des malles remplies de règles et de tournures. Mais on sait – où l'on devrait savoir – que le but que l'on s'est fixé ne sera jamais exactement atteint ; il se dérobe à notre approche, se voile, nous impose tours et détours. C'est une ville habitée vers laquelle nous dirigeons nos pas, et ceux qui l'habitent ont leurs mots à dire au voyageur qui prétend y pénétrer. Parler, c'est ainsi accepter d'être compris différemment de ce que l'on croit, de ce que l'on souhaite.

Conscient que tout acte de parole me soumet à l'interprétation de l'autre, mais obsédé par l'idée d'être compris au plus près de ce que je veux, je suis invité à prendre ma place à la table de la négociation linguistique. Là, il faudra que je m'interroge sur cette intelligence étrangère que je sollicite : que partage-t-elle avec la mienne ? S'est-elle abreuvée à certaines des sources qui ont irrigué la mienne : expériences, savoirs, croyances et convictions partagés ? De la prise en compte de ce que je sais de l'autre et surtout de l'évaluation de ce qu'il sait déjà de ce que je vais lui dire dépendra la juste conception de mon discours. Je dois accepter d'emblée son droit à interpréter le sens de mes paroles, mais je mobiliserai les moyens les plus adaptés pour que cette interprétation ne soit pas une déformation, une trahison de mon intention.

Tout acte de communication ouvre ainsi, à qui l'aborde de façon responsable, un espace d'ajustement où l'on est à la fois taraudé par le risque de pouvoir n'être pas compris, mais obsédé par la volonté de l'être. Dans cet espace, j'accepte l'autre dans sa différence physique et intellectuelle : si je lui impose ma parole, je m'ouvre du même coup à la sienne ; si je me bats pour transmettre ma pensée au plus juste, j'accepte du même coup son droit à interpréter mon discours.

C'est lorsque la parole parvient à exercer son pouvoir dans le respect des droits intellectuels de l'autre qu'elle peut contribuer à différer et parfois à éviter le passage à l'acte violent. Le simple fait de parler ne constitue absolument pas une garantie de non-violence ; les slogans simplificateurs : « substituons les mots aux coups », « des paroles contre la violence ! » ne sont que des exhortations qui nous donnent l'impression d'avoir découvert (à bon compte car les mots ne coûtent pas cher) un remède contre la violence : il est des silencieux paisibles et des bavards capables d'une cruauté inouïe. Non ! tout est dans la conception que l'on a de la communication humaine. Si je mets, au centre de mon intention de parole, l'autre dans son altérité, dans sa vulnérabilité mais aussi dans son droit d'exercer son propre pouvoir linguistique, alors je donne une chance à deux intelligences d'en venir aux mots plutôt qu'aux mains. Mais, si l'autre n'est qu'une cible anonyme et muette, alors les mots annoncent, souvent accompagnent et parfois ponctuent agressions et destructions. En d'autres termes, lorsque la communication humaine oublie son éthique essentielle, elle permet à la moindre frustration d'engendrer la violence.

Le verbe et l'action

Séparer le dire et le faire en pensant que ceux qui parlent beaucoup ne font rien et que ceux qui agissent de leurs mains n'ont pas grand-chose à dire constitue une dichotomie lourde de conséquences. Le mépris dans lequel on tient aujourd'hui le travail manuel a pour pendant la médiocrité à laquelle on a réduit l'exercice de la parole et de l'écriture. Si le geste créateur est devenu moins utile, moins précis, moins justement transmis, le verbe, garant de la pensée collective, est devenu, lui, moins pertinent, moins responsable, moins original et moins soigneusement transmis d'âge en âge. *À un geste flou correspond aujourd'hui un verbe mou* ; comme si nous avions progressivement renoncé à inscrire individuellement et collectivement, par la bouche et par la main, une trace durable et juste sur un monde tout entier voué au culte de l'immédiat et de l'artificiel.

Ainsi, parallèlement à la déliquescence des discours médiatisés et à la débilité de certains textes, on assiste à une dépréciation considérable du travail de l'homme. Aujourd'hui, une voiture sort de sa chaîne de fabrication en ayant nécessité moins de 15 % de travail humain. La masse extraordinaire des richesses produites chaque année dans le monde n'est due que pour une infime partie aux forces humaines de production ; l'écrasante majorité de ces richesses ayant pour origine de « pures » spéculations financières. Dans un monde qui a marginalisé l'activité laborieuse des hommes, le geste humain a perdu sa valeur culturelle, son utilité sociale et sa signification historique. Le verbe ne le porte plus de « mains intelligentes » à d'autres « mains intelligentes » ; à chaque passage respecté et transformé. Figé dans sa ponctualité, le geste s'oublie ; comme s'oublient les mots que la nécessité de sa transmission ne sollicite plus. Lorsqu'une communauté néglige de cultiver le geste et la parole en les soumettant à la force vive de son intelligence collective, elle prend le risque de pervertir l'un comme l'autre ; l'un comme l'autre oublient alors ce pour quoi ils sont faits : laisser à nos enfants un monde qu'ils n'auront pas honte de laisser aux leurs.

Un souvenir ancien me traverse l'esprit. C'était en Haïti, au début des années 1970. C'était une région de collines dont le sommet et les pentes laissaient apparaître, à chacun de mes voyages, d'inquiétants pans de roche de plus en plus dénudée. Cette érosion terrible, qui menaçait d'interdire à terme toutes les formes de cultures vivrières nécessaires à la survie des communautés villageoises, était due en très grande partie à l'abattage des arbres transformés en charbon de bois. Faute d'autres sources d'énergie, ces communautés totalement enclavées et abandonnées en étaient ainsi réduites à détruire peu à peu leur propre milieu de vie, condamnant ainsi les générations futures à fuir la campagne pour rejoindre les épouvantables bidonvilles qui entouraient Port-au-Prince, la capitale. Le geste ponctuel et routinier de l'abattage des arbres, détaché de toute perspective à long terme, avait perdu tout sens historique : oubli d'un temps ancien où l'on compensait la coupe des arbres par la plantation de nouveaux plans et où l'on construisait des murs de terrassement ; incapacité de concevoir un avenir terriblement compromis par une érosion menaçante. Le verbe n'avait pas su accompagner le geste pour lui donner une intelligence du temps et de l'espace dans lequel il intervenait. L'immédiateté de l'acte, l'impuissance de la parole, l'urgence de survie avaient rendu l'action et le verbe étrangers l'un à l'autre jusqu'à rendre stérile la mémoire, dérisoire le futur, inutile la transmission.

Il ne s'agit pas de céder à la nostalgie, mais il faut cependant se préoccuper du fait que le geste comme la parole et l'écriture ont une prise de moins en moins assurée sur le monde. Je suis inquiet du mépris que l'on porte à un travail manuel exigeant et noble tout comme à la rigueur d'une langue juste et précise. Je déteste ce goût, peu à peu accepté comme une évolution naturelle, pour l'imprécision et la banalité au détriment de la rigueur et de l'originalité. Le dire comme le faire subissent les mêmes pressions perverses. C'est dans un même élan d'éducation et de transmission que l'on doit apprendre à nos enfants à joindre le geste juste à une parole précise dans un souci individuel et collectif d'imposer leur intelligence à un monde sans cela inerte et chaotique. Me viennent en mémoire ces scribes du passé copiant avec une patience et un soin exceptionnels les interprétations des textes religieux ; chaque fois qu'ils avaient à écrire le nom de Dieu, ils se levaient, se lavaient soigneusement les mains et changeaient de plume : geste et verbe étaient ainsi intimement associés dans une volonté obstinée et patiente de respect et de transmission.

Le propre de l'homme

C'était un dimanche après-midi d'automne ; il pleuvait et, faute de pouvoir aller au tennis comme nous l'avions projeté, nous nous résignâmes, ma fille et moi, à regarder la télévision. Zappant d'une chaîne à l'autre, nous nous arrêtâmes sur un documentaire qui s'intitulait : *Kanzi, le singe aux mille mots.* Cela nous venait des États-Unis et rendait compte des résultats assez extraordinaires obtenus par une équipe de recherche rattachée à une université de renom. On nous montrait comment des chimpanzés se servaient de plusieurs centaines de mots ; ils utilisaient pour cela un grand tableau dont chaque touche était identifiée par une icône. Lorsqu'ils appuyaient sur une des touches, le mot correspondant était automatiquement prononcé. L'un de ces singes, nommé Kanzi, particulièrement doué pour cet exercice, était parvenu à mémoriser environ un millier de ces mots.

C'était impressionnant ! Et ma fille de 7 ans fut effectivement fort impressionnée. « Tu vois, me dit-elle du haut de ses 7 ans, je savais bien que les animaux parlaient. »

Je me souviens combien je fus embarrassé pour lui expliquer que l'on était bien loin de la parole, que ce qu'elle avait vu n'avait que peu de choses en commun avec notre langage. Tant bien que mal, j'essayai de lui montrer les limites de la communication animale ; sans grand succès, je tentai d'illustrer, en faisant appel au monde du fantastique et de la poésie, le pouvoir exceptionnel que donne à l'homme son langage ; je voulus lui montrer l'écart considérable qui séparait le verbe humain et l'activité de communication de l'animal. Rien n'y fit ! Elle possédait enfin la preuve scientifique et... télévisuelle que les contes, les fables et les dessins animés ne lui avaient pas menti : les animaux parlaient ; pas tout à fait comme nous, mais ils parlaient bel et bien.

Lorsque je fis mes études de linguistique, on me donna à lire d'excellents travaux qui analysaient avec beaucoup de rigueur le « langage » des abeilles (ou celui des oies). On apprenait que ces insectes bourdonnants pouvaient informer leurs congénères sur la direction, sur la distance et même sur la quantité du butin vers lequel ils voulaient les conduire. Je dois avouer que la précision de leurs danses et leur évidente signification m'impressionnèrent : de si petites bestioles avec un si petit cerveau, capables de transmettre avec pertinence des indications de distance et de quantité ! On ne nous parlait pas encore des grands singes bonobos ; l'eût-on fait que j'eusse sans doute été tenté de les considérer comme mes frères en parole. Mais savez-vous que les arbres même communiquent ? Certains, pour se défendre contre les gazelles qui mangent leurs feuilles du bas et les girafes qui dévorent celles du haut, produisent en réaction un acide qui dissuade ces animaux de les dépouiller de leur feuillage et de les faire mourir. Mieux ! l'arbre attaqué envoie un signal à ses congénères feuillus qui, à leur tour, émettent ce même acide et écartent à l'avance les prédateurs. Il y a donc réaction de défense à un danger vital mais surtout émission d'un signal d'alerte qui entraîne chez les récepteurs la même procédure de protection.

Ces systèmes de communication animaux et même végétaux permettent sans aucun doute de transmettre de façon efficace et pertinente des informations. Pour autant, permettent-ils à des degrés divers de questionner la spécificité absolue du verbe humain ?

Un nombre assez considérable de recherches a tenté, durant ces dix dernières années, non pas seulement d'analyser les modes de communication de certaines espèces animales, mais de démontrer qu'il était possible de leur apprendre à communiquer avec nous. Pour pallier leur incapacité à articuler les sons des langues humaines, on a le plus souvent utilisé la langue des signes. Ce qui anime ces recherches, c'est l'idée qu'il y aurait une sorte de continuité entre les capacités de communication humaines et celles auxquelles peuvent prétendre les espèces animales les plus évoluées. La différence entre la langue des hommes et les « langues » animales tiendrait alors à un « déficit phonatoire » qui ne permettrait pas à l'animal de réaliser nos prouesses articulatoires. Il suffirait donc de donner aux singes un système de communication par signes inspiré de celui des humains sourds pour qu'ils entrent dans le cercle du verbe jusqu'ici réservé aux seuls êtres humains.

Je dois, tout d'abord, avouer que l'utilisation de la langue des signes dans la plupart de ces recherches me gêne quelque peu. Créée pour permettre à l'homme sourd de communiquer avec d'autres hommes, son usage avec les singes m'apparaît ambigu et suspect. On pourrait être amené à croire que le handicap – ici la surdité – rapproche l'homme de l'animal ; on pourrait en arriver à penser que l'outil propre à surmonter ce handicap humain constitue un tremplin efficace pour un singe voulant se faire homme. Mais, au-delà de ce transfert ambigu, la vraie question est la suivante : « Y a-t-il ou non un écart essentiel et irréductible entre le verbe humain et les modes de communication animale si évolués soient-ils ? » À cette question, je répondrai sans l'ombre d'une hésitation : oui ! Aucun des résultats des recherches que j'ai analysées n'a réussi à ébranler cette conviction.

Cet écart n'est pas simplement d'ordre quantitatif ; il ne se résume pas au fait que les singes utilisent un nombre de signes moins important et des combinaisons moins complexes. Si tel était le cas, on pourrait penser que c'est la réduction de leurs besoins de communication qui aurait induit une économie des moyens ; en d'autres termes, les singes communiqueraient de façon plus rudimentaire que nous parce que leur mode de vie et leur organisation sociale n'en exigeraient pas plus. Il suffirait alors qu'on leur apprenne un code adapté à leur morphologie (la langue des signes par exemple) et qu'on les stimule en leur proposant de plus vastes objectifs de communication pour qu'ils entrent comme un seul singe dans le cercle des êtres de parole. Il n'en est rien ! Car *une langue ne se définit pas par la quantité de mots dont elle dispose, mais par sa capacité à imposer au monde l'intelligence de ceux qui la parlent*, leur permettant ainsi de le comprendre et de le transformer. Quelles que soient les sollicitations auxquelles on les soumettra, quel que soit le code qu'on leur inculquera, les animaux se contenteront de communiquer le reflet le plus fidèle et le plus immédiat de la réalité qu'ils perçoivent. La communication animale, dont il n'est aucunement question de nier l'existence, se limite à transmettre ce qui est vu, entendu, senti ou ressenti ; ni les abeilles ni les grands singes n'ont l'ambition ni les moyens d'évoquer un monde dont leurs sens n'attestent pas immédiatement et directement l'existence. En d'autres termes, ce que l'on appelle improprement « langage animal » n'est en fait qu'un instrument qui peut désigner, indiquer, avertir ou demander, mais qui n'a pas ce pouvoir propre à l'humain de créer par le verbe un monde que jamais leurs yeux n'ont vu ni ne verront : c'est certes bien plus qu'un geste, mais en aucun cas une langue. Le fait qu'un singe soit effectivement capable de mémoriser plusieurs centaines de signes de nature idéographique ou gestuelle, qu'il soit capable d'en combiner certains, n'est qu'une performance de dressage et de conditionnement. La vraie question se pose à propos de ce qu'il voudra en faire, c'est-à-dire des enjeux qu'il va assigner à son outil de communication. C'est sur ce point que l'écart avec l'être humain s'avère irréductible et essentiel.

L'humain commence au moment où des êtres vivants décident collectivement d'imposer par le verbe leur pensée au monde ; le jour où, ne se contentant plus de dire le monde qu'ils perçoivent, ils se donnent l'ambition de l'interpréter, de le transformer en libérant la pensée des chaînes de la perception. L'humain commence à l'aube de la bataille engagée pour dépasser les contraintes de l'espace et du temps ; le jour où s'ouvre le paradigme du futur et du passé ; le jour enfin où cet être vivant et mortel ose dire l'infini et l'éternel. Être ici et dire l'ailleurs, être maintenant et dire « demain », « hier » ou « peut-être » ; être ici et maintenant, et dire « partout » et « toujours » ; tel est l'extraordinaire pouvoir du verbe humain.

Il nous permet de dépasser notre nature éphémère en laissant trace de nous-mêmes sur des intelligences singulières et sur l'intelligence collective. Le verbe, en nous élevant du statut des créatures à celui des créateurs, nous distingue et nous sépare sans aucun doute des autres espèces vivantes.

Chapitre V

Le verbe et le sacré

Le droit de comprendre

Comprendre, c'est tenter de fabriquer de l'intime avec du conventionnel. Lorsque je choisis de dire « les roseaux chantaient sous le vent », j'ai sélectionné six mots particuliers. Pour composer chacun d'entre eux, une combinaison phonique est liée, par stricte convention, à un sens spécifique : le bruit [rozo] est lié au sens « roseau », le bruit [vâ] est lié au sens « vent », etc. Parce que nous parlons le français, nous nous sommes mis d'accord sur ces associations. De plus, j'ai organisé ces mots selon les règles clairement établies ; c'est ainsi que j'ai placé « roseaux » avant « chantaient » pour indiquer qu'ils étaient responsables du « chant » ; ainsi, j'ai utilisé la préposition « sous » pour indiquer la part prise par le vent dans cette action.

L'ensemble de ces conventions ne garantissent pas, malgré leur force, que l'expérience que j'ai vécue sera reconstruite à l'identique par mon interlocuteur. Loin s'en faut ! Ces conventions ne font qu'activer avec plus ou moins de précision [1] sa mémoire intime qui s'est, au fil de son existence, nourrie de tout ce qu'il a vu, ressenti, dit, entendu ou lu. Comprendre, c'est ainsi répondre à une sollicitation extérieure, exprimée sur le mode conventionnel, par la construction d'une représentation forgée au plus profond de notre intelligence sensible. La même phrase déclenchera autant de représentations qu'il y aura de « compreneurs », et, cependant, toutes ces représentations, certes différentes, auront entre elles plus de choses en commun qu'avec celles qu'aurait déclenchées une phrase différente. C'est là la dimension paradoxale de la communication humaine : nous avons à interpréter, au plus intime de nous-mêmes, la partition écrite par un autre. Pour qu'il y ait communication, il faut que cette interprétation soit éminemment personnelle mais en même temps scrupuleusement respectueuse des directives de l'autre. C'est, me direz-vous, un défi analogue à celui que relève le musicien ; certes ! Mais le musicien rend publiquement compte de son interprétation alors

1. J'aurais, en effet, pu compléter ma phrase en parlant du vent *doux* ou *violent*, de roseaux *souples* ou *empanachés*…

que le « compreneur » effectue sa besogne dans le secret de sa boîte noire.

La question muette : « Serai-je compris comme j'espère l'être ? » est donc toujours présente au cœur de l'écriture d'un texte ; comme doit être présent son écho dans la tête du lecteur : « L'ai-je compris comme il espérait l'être ? » Cette incertitude partagée qui est au cœur de l'acte de communication en fait une aventure commune chaque fois renouvelée. Deux intimités se cherchent avec l'espoir obstiné d'un éblouissement partagé qu'elles savent impossible ou du moins exceptionnel. Les mots qui me sont adressés m'invitent à un rendez-vous où je ne rencontrerai que moi-même mais dont je sortirai toujours quelque peu transformé par les intentions d'un autre. Parce qu'elle est incertaine, la communication linguistique, qu'elle soit orale ou écrite, exige autant d'obéissance qu'elle propose de liberté interprétative ; j'en accepte les devoirs, j'y exerce des droits.

Cet équilibre entre droits et devoirs est inscrit au centre même de l'acte de lecture. L'image qui me vient à l'esprit est celle d'une balance ; une de ces vieilles balances qui, dans mon enfance, servaient à peser de grands cornets de papier gris contenant pois chiches, haricots, sucre ou farine. Deux grands plateaux de cuivre étaient chacun suspendus aux extrémités d'une barre de bois pivotante ; elle basculait avec un claquement sec lorsque la marchandise était déposée, puis elle se rétablissait peu à peu jusqu'à l'équilibre à mesure que s'entassaient de l'autre côté les poids de fonte et de cuivre. Je me souviens que j'éprouvais une profonde satisfaction en voyant, l'espace d'un instant, les deux plateaux immobiles, au même niveau, avant que le marchand, dans un geste rapide et précis, n'enlève la marchandise et que ne claque à nouveau la barre entraînée par les poids. Imaginons que cette vieille balance me serve à « peser » ma lecture.

Sur le plateau de gauche, je déposerais toute l'obéissance, tout le respect que je dois au texte et à son auteur. Cet homme, cette femme... ou ce prophète a sélectionné des mots et pas n'importe lesquels ; il ou elle a choisi de les organiser en phrases selon des structures particulières ; il ou elle a décidé d'établir entre ces phrases des relations logiques et chronologiques significatives. Tous ces choix, fondés sur des conventions collectivement acceptées, constituent les directives que l'auteur a promulguées à mon intention dès l'instant où je me suis institué comme son lecteur. À ces directives, je dois infiniment de respect et d'obéissance.

Sur le plateau de droite viendraient s'entasser mes intimes convictions, mes angoisses cachées, mes espoirs muets, mes expériences accumulées, parfois presque effacées. Tout ce qui fait de moi un être d'une irréductible singularité. Sur ce plateau s'exercerait donc la pression d'une volonté particulière d'interpréter ce texte comme aucun autre lecteur ne l'interpréterait. Mes indignations ne sont pas celles d'un autre, comme ne le sont pas mes enthousiasmes ni mes chagrins ; mes paysages ne ressemblent à aucun autre, non plus que mes personnages. Cette longue femme blonde dont je tombe amoureux au fil des pages n'appartient qu'à moi. Mais, si, au fil des pages, c'est bien d'une femme blonde et élancée que je rêve et non d'une petite brune boulotte, c'est parce que l'auteur a choisi d'utiliser les adjectifs qualificatifs « grande », « blonde » et « mince ». L'auteur tient ainsi la bride haute à mon imagination, il tient en laisse ma liberté de rêve, et j'en dois accepter le joug, dût-il me peser.

Une lecture responsable doit ainsi établir un juste équilibre entre les deux plateaux de ma vieille balance : équilibre entre les légitimes ambitions d'interprétation personnelle et la prise en compte respectueuse des conventions du texte. Tout déséquilibre pervertit gravement l'acte de lecture.

Lorsque le respect dû au texte se change en servilité craintive, au point que la compréhension même devient offense, s'ouvre le risque de n'oser donner à ce texte qu'une existence sonore en se gardant d'en découvrir et d'en construire le sens car toute construction du sens deviendrait *sacrilège*. C'est bien alors qu'il faut être persuadé que la valeur d'un texte ne dépend pas du statut de celui qui l'a écrit. Si le lecteur considère que la stature de l'auteur met son texte hors d'atteinte de son intelligence et de sa sensibilité, il renonce alors à exercer son juste droit d'exégèse et de réfutation. Il se livre pieds et poings liés à la merci d'intermédiaires peu scrupuleux qui prétendront détenir la clé d'un sens que l'on recevra avec infiniment de crainte et de déférence. Lorsque l'on assiste à certaines « leçons » dans certaines écoles coraniques ou talmudiques, on se rend compte à quel point le sens est confisqué par le maître, à quel point la construction du sens est interdite aux élèves. La mémorisation du seul bruit des mots prend systématiquement le pas sur l'effort personnel du sens. Lorsque les textes sont mis hors du jeu de la compréhension, ils peuvent alors servir les manipulations les plus dangereuses, justifier les actes les plus odieux, légitimer les traditions les plus inacceptables.

Mais, lorsque, au contraire, le texte n'est qu'un tremplin commode pour une imagination débridée, lorsque sont négligées par désinvolture ou incompétence les directives qu'il impose, on rend alors ce texte orphelin de son auteur ; on en trahit la mémoire ; on efface la trace qu'il a voulu laisser, on rompt la chaîne de la transmission en bafouant l'espoir de l'auteur d'être compris au plus juste de ses propres intentions et au plus profond de l'âme de son lecteur. « Je ne te connais pas et pourtant – ô lecteur – je mets en ton intelligence l'espoir d'exister encore un peu lorsque je ne serai plus. » Accueillir un texte au plus intime de soi en en respectant l'intégrité, c'est assumer sa juste part du destin des hommes de passer à d'autres leurs pensées ; c'est affirmer avec foi la volonté des hommes de donner ainsi une réponse à l'absurdité d'une disparition inéluctable.

La grande majorité des jeunes en situation d'illettrisme ont une lecture qui s'affranchit du texte et n'en fait qu'un prétexte à inventer un sens venu d'ailleurs. Ce comportement qui destitue le texte et son auteur de leur rôle d'arbitre dans le jeu de construction du sens est particulièrement inquiétant car il met en péril les fondements mêmes de la compréhension en faisant de la lecture un acte aléatoire et virtuel. Il est dit dans le Livre que Dieu créa les hommes pour qu'ils lui racontent des histoires. J'aime tout particulièrement cette phrase. Elle met Dieu à l'écoute des formes narratives que les hommes donnent à leurs espoirs fous de dépasser l'absurdité de leur courte vie. De ce récit constamment renouvelé et transmis d'âge en âge, Dieu serait le confident heureux ; il ne saurait en être l'intransigeant censeur… et ses zélateurs les interprètes uniques.

Sous le masque du sacré

L'indifférence, le silence et la solitude de l'enfance ; les faux-semblants, les mensonges et le cynisme plus tard jettent bien des jeunes adultes dans les bras de ceux qui transformeront le spirituel et le sacré en intolérance et en barbarie. Ceux qui rendent sale l'espoir d'échapper à l'absurdité d'une fin inéluctable. Ceux qui, promettant de combler le vide des âmes, emprisonnent le sens des mots, les rendant obscurs et menaçants.

Obscurantisme et intolérance… ces mots me renvoient à une fin d'après-midi à Casablanca. J'avais été invité à faire une conférence à la faculté des lettres.

Un public nombreux me fit l'honneur d'y assister, intéressé par les rapports entre langue et pouvoir ; quelques dizaines d'étudiants islamistes avaient déserté la cour d'honneur et m'écoutèrent avec beaucoup de courtoisie. Vers la fin de mon exposé, emporté par un élan de sincérité, je leur tins les propos suivants :

« Comme vous le savez, vraisemblablement, je suis juif, né pas très loin de chez vous. Le soir de Pâques, mon grand-père disait une longue prière que l'on appelle "Paracha". Pour nous, les enfants, qui attendions de manger, elle paraissait interminable. Mon grand-père disait cette prière d'abord en hébreu, puis la traduisait en espagnol pour les membres de la famille qui ne comprenaient pas l'hébreu et, enfin, il la disait en arabe à l'intention de nos voisins musulmans qui traditionnellement participaient à nos fêtes. À l'époque, je trouvais cela insupportable ; ces longues heures que nous passions, la faim au ventre, attendant désespérément que le supplice s'arrête nous semblaient de l'ordre de la punition arbitraire. Aujourd'hui, je ressens une grande tendresse et un immense respect pour cet homme que j'ai bien peu connu et qui donnait une si belle leçon d'humanité. Il pensait que la parole, fût-elle de Dieu, devait être comprise, sa signification transmise. »

Un des étudiants barbu se leva alors et me dit, sans agressivité excessive :

« Professeur Bentolila, votre grand-père avait grand tort.

— Et pourquoi donc avait-il tort ?, répliquai-je.

— Parce que la parole de Dieu ne se traduit pas. Elle n'en a pas besoin. Et c'est pourquoi, ajouta-t-il en prenant l'amphithéâtre à témoin, tout musulman *sait* son Coran.

— Vous voulez dire que tout musulman sait lire le Coran ?

— Oui, c'est bien ce que je vous dis !

— Mais le Maroc compte près de 60 % de musulmans analphabètes ; comment pourraient-ils lire le Coran ?

— Ils savent le lire, me répondit-il de façon définitive, justement parce qu'ils sont musulmans. »

Je compris que nous étions arrivés au bout de la discussion ; là où se confondent verbe et incantation, lecture et mémorisation, foi et endoctrinement ; là où le caractère sacré d'un texte le rend impropre à la compréhension ; là où la quête du sens devient immédiatement dangereuse, profanatrice et impie.

Alors que je sortais, mon interlocuteur barbu m'arrêta :

« Vous savez, professeur Bentolila, ce que Dieu a dit au prophète avant la révélation ?

— Oui, répondis-je, il a dit : “C'est Lui qui fait descendre sur toi l'Écrit[2].”

2. *Sourate 3* :
« Rien n'est caché pour Allah
Sur terre comme au ciel.
Il vous forme dans les matrices, comme Il le décide.
Pas d'Ilah sauf Lui, l'Intransigeant, le Sage.
C'est lui qui fait descendre sur toi l'Écrit
Porteur de signes confirmés – Mère de l'Écrit – et d'autres similaires.
Ceux dont le cœur est oblique
Suivent l'équivoque, recherchent la dispute en quête de controverse.
Nul n'en connaît l'interprétation sauf Allah. »

— Bon, alors vous voyez bien qu'un musulman sait lire le Coran simplement parce qu'il est musulman.

— Certes, mais n'oubliez pas que c'était Dieu et que c'était le prophète ; nous autres, simples humains, avons à nous battre avec des textes et des discours, sacrés ou non, afin d'en extirper quelques parcelles de vérité provisoire. »

Il me jeta un regard lourd de commisération dédaigneuse pour tant d'intelligence gâchée à réfuter l'évidence, à questionner l'inquestionnable et s'en fut rejoindre ceux qui refusent le risque de la communication ouverte pour s'enfermer dans un cercle de communion où la langue, interdite de signification, n'est plus qu'un signe de ralliement et... d'exclusion.

C'est ce même sentiment d'exclusion que j'ai douloureusement ressenti quelques années plus tard lorsqu'un soir j'entendis ma fille de 15 ans scander obstinément une phrase que je ne comprenais pas. Je m'approchai de la porte de sa chambre et glissai un coup d'œil indiscret. Elle était assise par terre, les jambes repliées sous elle, pouces et index joints. Ses grands yeux bleus ouverts jusqu'à l'écarquillement reflétaient la lueur vacillante d'une bougie posée sur l'appui de la fenêtre. Avec une application obstinée, elle répétait dans une langue qui m'était totalement inconnue la séquence suivante : « Nam Myocho Rengue Kyo. »

La vision de Tiphaine scandant inlassablement dans la semi-obscurité cette même suite de sons fit monter en moi une bouffée d'angoisse que je fus incapable d'endiguer. Presque malgré moi, je pénétrai dans la chambre et me plantai devant elle ; elle continua sa production monotone, sans ciller, ignorant apparemment ma présence ; seul augmenta légèrement le son de sa voix, seul se fit plus marqué le rythme de sa scansion comme si elle voulait monter plus haut les murs qui la séparaient de moi. Je restai là, silencieux, transparent, incapable d'émettre le moindre mot. C'était comme si, dans cette chambre, le verbe avait été banni, chassé, interdit de séjour. D'autres forces étaient à l'œuvre, à l'opposé de ce qu'était la parole des hommes ; et ces forces m'excluaient, me rejetaient loin d'une fille rendue étrangère aux mots, inaccessible au verbe. Je me retirai sur la pointe des pieds, vaguement honteux de mon intrusion, le cœur noué d'une anxiété mêlée d'une colère diffuse car j'étais heurté dans mes convictions les plus profondes. Je lui avais appris – ou tenté de le faire – que la langue n'était pas faite pour s'enfermer mais pour s'ouvrir aux autres, que la parole était faite pour construire du sens sous peine de nous soumettre à la domination de n'importe quel faux prophète, qu'une religion ne pouvait pas se débiter en morceaux obscurs que chacun irait récitant, dans une fuite incantatoire vide de sens.

Je décidai d'accompagner ma fille à sa réunion de « méditation collective ».

Semi-obscurité, vapeurs d'encens et bourdonnement monotone. Une dizaine de personnes, jeunes et moins jeunes, récitaient avec conviction et application des séquences sonores dont la prononciation évoquait vaguement pour moi une langue indienne. Dès notre arrivée, nous fûmes pris en charge par deux jeunes gens qui nous séparèrent et nous donnèrent une bandelette de papier où était écrit le « mantra du jour ». À l'écart, une femme d'une cinquantaine d'années, drapée dans des voiles superposés de couleur safran et rouge, à demi allongée sur une sorte de sofa, faisait venir à tour de rôle les plus jeunes participants pour de longs conciliabules secrets. Ils l'écoutaient, accroupis à ses pieds, tête baissée dans une attitude de totale soumission.

Je ne sais pas qui était véritablement cette femme et quel était le but réel de ces réunions, mais j'ai senti passer sur nous le souffle dangereux de l'obscurantisme et de la domination car, chaque fois que l'on prive la langue de sa fonction essentielle de transmettre le sens, il faut être sur ses gardes. C'est pour construire et passer du sens que la langue est faite ; c'est ce qui garantit à chacun la maîtrise libre de sa pensée et son droit de mettre en cause la pensée des autres. Si l'on renonce à cette exigence, si le langage n'est plus qu'une litanie vide de sens, collectivement ânonnée dans une communion factice, on ouvre la porte aux forces obscures de la magie et du conditionnement des esprits.

La langue du sacré ne serait-elle plus une langue dès l'instant où elle tente de répondre à la question à laquelle se heurte douloureusement notre intelligence : « Et après ? » Ces textes sacrés qui tentent de nous détourner des précipices du néant perdraient-ils toute ambition de signifier simplement parce qu'ils sont ainsi étiquetés ? Nous-mêmes perdrions-nous tout droit au questionnement, à l'analyse, à l'interprétation dès lors que notre langue s'en va quérir au-dessus de notre humaine condition des raisons d'accepter nos limites et nos contraintes d'hommes ? Devons-nous nous résoudre à ce que les mots du sacré ne soient plus que des mots d'ordre, que les phrases du sacré se changent en formules magiques ou en signes de reconnaissance ? Ce serait faire courir à nos enfants un danger majeur. Une religion digne de ce nom doit ouvrir à l'intelligence de celui qui y entre l'immense quantité de textes patiemment transcrits, sans cesse interprétés, sans cesse discutés. C'est cette richesse intellectuelle produite d'âge en âge, intimement mêlée à l'histoire des peuples, qui constitue la garantie d'une religion sincère, tolérante et légitime.

Si la foi s'impose aux croyants comme une nécessité, la religion, elle, se choisit en toute lucidité. Ce choix exige de qui veut embrasser une religion particulière qu'il se donne la peine d'aller en questionner lui-même les discours et les textes ; qu'il fasse l'effort de confronter ses propres interprétations à celles des autres avec autant de conviction que de respect. Car entrer en religion, c'est pénétrer dans une immense bibliothèque qui conserve la trace des histoires que, de génération en génération, les hommes ont racontées à d'autres hommes à propos de Dieu (ou à Dieu à propos des hommes). On n'y entre pas les yeux fermés, poussé par une impulsion irrésistible ou bien conduit par un guide soi-disant éclairé ou un prophète autoproclamé. On va soi-même chercher sur des rayons immenses les textes laissés par d'autres, en d'autres temps. Ces traces ne sont pas conservées pour que l'on y mette servilement nos pas ; elles sont visions, témoignages et interprétations soumis à notre réflexion, offerts à la discussion collective. L'adhésion religieuse aveugle et servile pervertit l'idée même de religion et ouvre la voie aux mouvements intégristes les plus détestables : ceux qui exploitent les faiblesses et les peurs, les frustrations et les ressentiments, mais aussi l'incapacité pour certains de forcer, par une lecture juste et exigeante, les portes des textes. Faiblesse d'âme et illettrisme sont les meilleurs alliés des intégristes religieux, des gourous sectaires et des *leaders* politiques extrémistes.

Le verbe entretient avec le sacré des rapports d'une facheuse ambiguïté. Ce que toutes les langues humaines ont en commun, c'est la volonté sans cesse affirmée de conquérir le monde par la force des mots, de soumettre la nature à l'intelligence de l'homme en forgeant, jour après jour, un outil de réflexion et d'échange de plus en plus puissant. Toutes les langues du monde manifestent l'ambition universelle des hommes de penser la nature et non d'en décrire une image fidèle. Le verbe humain est donc construit pour accompagner et éclairer le chemin d'une pensée collective en marche, curieuse et avide de percer l'un après l'autre les secrets du monde. La puissance du verbe amène les hommes à questionner tous les mystères ; à se mettre ensemble pour les questionner, donnant ainsi à l'intelligence collective un champ illimité de réflexion et d'imagination. L'ambition de l'homme à dévoiler par la force du verbe un monde qu'il serait censé se contenter d'admirer a instauré une rivalité qui a de tout temps empoisonné les relations entre le verbe et le sacré, les rendant à la fois obscures et dangereuses. L'usage libre et audacieux du verbe constitue de fait une menace sérieuse pour un Dieu servi par des zélateurs jaloux de leurs prérogatives et de leurs secrets. Ainsi, lorsque Dieu décida de punir les hommes qui élevaient une tour pour atteindre son royaume, il choisit de les priver de ce par quoi ils avaient péché : le verbe. La même menace est exprimée dans le Coran :

« Pharaon dit :
"Ô Hamân, construis-moi une tour,
pour que je saisisse les cordes des ciels [...]",
mais les maux du supplice
cernent la gent de Pharaon.
Ils seront présentés au Feu matin et soir. »

Si le verbe fut dans toutes les religions monothéistes l'instrument de la révélation, s'il fut l'instrument par lequel Dieu livrait aux hommes quelques clés du monde et leur imposait certaines règles de vie, il fut cependant toujours soigneusement tenu en laisse. La langue du sacré fut soigneusement distinguée de la langue profane : le latin préservant jalousement les secrets du catholicisme, l'arabe classique ceux de l'Islam, l'hébreu ancien ceux des juifs. Les peuples – et surtout les femmes – furent ainsi tenus à l'écart de toute relation directe aux textes sacrés ; empêchés d'exercer leur intelligence, soumis à ceux qui savaient et qui au nom de

Dieu leur distillaient quelques parcelles de vérités autorisées.

La relation obscure du verbe avec le sacré est à la base même des dérives de tout mouvement religieux intégriste de quelque religion qu'il soit. Instrument de relation ouverte, outil de communication horizontal, le verbe apparaît en effet aux gardiens du culte comme suspect et dangereux : suspect de prétendre que tout croyant pourrait interpréter la parole divine, suspect d'oser en critiquer les applications séculières, suspect enfin de vouloir mettre en doute la légitimité de ses porte-parole. La « sainte » horreur des intégristes de toutes les religions pour une lecture libre et ouverte des textes montre que c'est bien sur le terrain de la responsabilité et de la liberté de compréhension et d'expression que se livrent aujourd'hui les batailles essentielles pour l'avenir des enfants de nos enfants.

Une table, quelques chaises. Trois fronts penchés sur un même livre, qu'il soit profane ou bien sacré. De temps à autre, une tête se redresse, s'ouvre une bouche qui dit son intime conviction, son intime interprétation. Discutée, pesée, confrontée au texte présent, mais aussi éclairée par tous les autres textes, cette proposition prend sa place dans la construction collective du sens qui, d'âge en âge, de texte en texte, nous prolonge et nous unit. Nul n'en est exclu qui accepte la règle de la transmission : ni servilité ni trahison.

Courir devant les cornes de la mort

S'il est une question qui a hanté ma vie, c'est bien celle-ci, terrifiante : « Est-ce que je suis ? » Du plus loin que je me souvienne, elle a toujours été là, tapie dans l'ombre, toujours prête à me bondir à la gorge lorsque je m'y attendais le moins. Toujours prête à m'entraîner dans ces abîmes vertigineux ou se dissout notre intégrité, ou se défait notre cohérence. Et je n'ai jamais trouvé meilleure défense, jamais construit meilleur abri que ces pages écrites avec le souci de l'autre, que ces paroles offertes au plus loin de moi-même. Je suis intimement persuadé que la parole et l'écriture qui m'ouvrent les portes d'une intelligence étrangère pour y déposer une pensée singulière sont la seule vraie réponse, le seul remède honorable contre le doute fondamental qui taraude mon esprit : qu'est-ce qui fait que je suis « MOI » et non pas seulement un système complexe de cellules, un agencement astucieux d'organes ? Je suis ainsi celui qui dit et qui écrit et qui, en disant et en écrivant, laisse dans la mémoire de l'autre une trace qui, pour être maladroite et sans nécessaire beauté, est une preuve tangible de mon existence. Je suis celui qui a entendu l'autre, celui qui l'a lu, et ces traces laissées dans ma propre pensée ont fait mon identité et ma cohérence. Je ne suis donc en fait qu'une pensée qui s'exprime, nourrie par tout ce que l'on m'a dit, par tout ce que j'ai lu, écrit et dit moi-même. C'est parce que je suis, par la grâce du verbe, à la fois

« traceur » et « tracé » que je peux apaiser les chiens fous qui menacent de déchirer la conscience si fragile de moi-même. Et, si j'ai la force d'accepter, moi qui ai tant de mal à concevoir un au-delà, la certitude d'une fin inéluctable, c'est aussi parce que j'ai l'espoir, démesuré sans doute, de laisser par la parole et par l'écriture quelque chose de moi-même qui me survivra. Quand je pousse la porte de mon amphithéâtre, quand je me mets à écrire, j'ai envie de vous dire, étudiants et lecteurs inconnus : « Vous ne me quitterez pas sans porter la marque des griffes de mes mots. »

Mais ces marques espérées ne seront pas blessures ; elles sont invitation à l'échange et promesses de découverte. C'est en cela que le verbe distingue radicalement l'humain de toutes les autres espèces : il inscrit au cœur de toute relation linguistique avec l'autre l'obligation de respecter son intégrité et sa liberté intellectuelles. Répondant à la même exigence, le respect que l'on doit à la vie d'autrui en est le juste complément. Si je m'interdis de meurtrir et de tuer, c'est en effet parce que l'autre, par nature, est vulnérable à mes coups et à mes armes. Je me dois de l'épargner justement parce que rien ne le protège et parce que sa propre vulnérabilité – faisant écho à la mienne – m'impose de retenir mon bras. De même, l'intelligence de l'autre, ouverte à mes mots, m'invite autant au respect qu'elle suscite le désir d'y inscrire une trace qui n'appartienne qu'à moi. La conscience de notre commune vulnérabilité, tant intellectuelle que physique, nous impose ainsi (ou devrait nous imposer) la maîtrise de la parole, tout comme le contrôle du passage à l'acte.

Ceux qui dénient à l'autre son droit de discernement et sa liberté de réfutation réduisent d'ailleurs bien souvent à rien le prix de sa vie. C'est en effet avec des mots choisis qu'ils manipulent un esprit faible afin de le convaincre de tuer et de se tuer. L'insulte faite au verbe rejoint alors l'insulte faite à la vie : le verbe dévoyé sert le geste meurtrier ; asservissement de l'intelligence et négation de la valeur de la vie. Et, quand c'est au nom du sacré que l'on ment et que l'on massacre, on atteint l'ultime degré de la barbarie ; on renonce aux principes mêmes qui fondent l'humanité. Afin de lever toute ambiguïté, je veux préciser ici qu'il n'y a pas l'ombre d'une différence entre le meurtre d'un enfant palestinien, celui d'un enfant israélien ou celui d'un enfant libanais. En matière de manipulation et de meurtre, il ne doit pas y avoir de « mais » ; c'est-à-dire pas de concession, pas d'excuse, pas d'explication, qui que soit la victime, qui que soit l'assassin.

Le refus absolu du meurtre ne s'affaiblit pas lorsque c'est à l'« étranger » que j'ai affaire ; de la même façon, le caractère pacifique de ma parole ne se limite pas à ceux qui me ressemblent. Bien au contraire ! C'est bien à ceux que nous n'aimons pas qu'il nous faut adresser une parole forte de conviction, de respect et d'ouverture ; c'est bien eux – et eux surtout – que nous devons accueillir avec bienveillance et vigilance au seuil de nos intelligences. Être humain, c'est refuser par l'usage contrôlé du verbe la fatalité de la haine et du meurtre ; être humain, c'est transmettre la vertu pacifique du verbe à nos enfants afin qu'ils aient une chance de bâtir un monde qui, mieux que le nôtre, saura résister à la tentation de la barbarie. À la question qui tous nous terrifie : « Et après... ? », la seule réponse que je puisse faire au bout de l'écriture est : « Vous !... et un peu de moi en vous. »

Table

DU MÊME AUTEUR

Chez Odile Jacob :

L'École à 2 ans : est-ce bon pour l'enfant ? (en coll.), 2006.
Tout sur l'école, 2004 ; « Poches Odile Jacob », 2005.
Apprendre à lire (en coll.), Observatoire national de la lecture (ONL), 1998.

Chez d'autres éditeurs :

École et langage (sous la dir.), Nathan, 2002.
Les Promesses de l'école (sous la dir.), Nathan, 2001.
Élève et enfant (sous la dir.), Nathan, 2000.
Profession parents (sous la dir.), Nathan, 2000.
Le Propre de l'homme : parler, lire et écrire, Plon, 2000.
De l'illettrisme en général et de l'école en particulier, Plon, 1996 ; « Grand Prix de l'Académie française », 1997.
La Lecture : apprentissage, évaluation, perfectionnement, Nathan, « Théories et Pratiques », 1991.
L'Orthographe pour tous (en coll.), Bescherelle 2, Hatier, 1986.
La Grammaire pour tous (en coll.), Bescherelle 3, Hatier, 1984.
Dictionnaire créole-français, Hatier, 1980.

CET OUVRAGE A ÉTÉ COMPOSÉ
ET MIS EN PAGES PAR FACOMPO, LISIEUX,
ET ACHEVÉ D'IMPRIMER SUR ROTO-PAGE
PAR L'IMPRIMERIE FLOCH À MAYENNE
EN MARS 2007

N° d'édition : 7381-1762-2 – N° d'impression : 67898
Dépôt légal : décembre 2006

Imprimé en France